사주 · 문학 · 철학으로 펼치는 인생 에세이

명품 인생 디자인

사주 · 문학 · 철학으로 펼치는 인생 에세이

명품 인생 디자인

석오 **전광** 동방명리학연구원 원장

보고사

강화도 전등사 대웅전의 처마 네 군데에는 나체의 여인이 각기 다른 힘든 모습으로 무거운 지붕을 떠받치고 있다. 이를 만들어 낸 도편수는 자기를 배신한 여인이 거듭나서 부처님의 나라를 볼 수 있기를 염원하였다.

요한복음은 사람이 거듭나지 아니하면 하나님의 나라를 볼 수 없다고 한다.

이 책은 우리가 거듭나서 인간이 생래적으로 지닌 실존적 한계를 벗어나 '영원한 현재eternal now'를 누리자는 『죽음과 부활의 서書』이다.

기존『다가올 운명 미리보고 뛰어넘기』의 분책을 출간하자는 제안을 따라 그 틀을 지니고 있으나 결과적으로 아주 참신한 돌연변이를 꽃피웠다.

이 책이 세계 각 나라의 글로 출간되어 인류의 각별한 사랑을 받았으면 좋겠다.

독자님께 늘 은혜와 사랑이 충만하길 바란다.

2011년 1월 전광

contents

1. 꿈(DREAM)

01. 다양한 의미 ·········· 13
02. 사슴의 꿈 ·········· 17
03. 나비의 꿈 ·········· 20
04. 청자베개 위의 꿈 ·········· 23
05. 홰나무 아래의 꿈 ·········· 26
06. 꿈과 현실 ·········· 29

2. 장진주(將進酒)

01. 인생과 술 ·········· 39
02. 달빛 아래 황금 술통 그대로 두지 말라 ·········· 41
03. 종일토록 마셔 흠뻑 취하자 ·········· 46
04. 꽃 꺾어 수(數) 놓고 무진 무진 먹세그려 ·········· 49
05. 술은 귀신을 부른다 ·········· 52

3. 인연이 운명을 가른다

01. 운명론 ·········· 63
02. 왕소군(王昭君) ·········· 66
03. 마르쿠스 아우렐리우스 ·········· 70
04. 우연과 필연 ·········· 75

4. 인생이란 무엇인가

01. 화담이 던지는 화두 ·········· 87
02. 나옹의 누님이 읊은 선시 ·········· 91
03. 싯다르타의 깨달음 ·········· 96

5. 사람의 수명 ·········· 101

6. 우리가 죽으면 어디로 가나

01. 소동파의 적벽부 ·········· 117
02. 성철 스님의 법어 ·········· 122
03. 참으로 미묘하다 ·········· 130

7. 사주

01. 총설 ·········· 137
02. 구체적인 적용 ·········· 154
03. 김치(金緻) ·········· 173
04. 이석영(李錫暎) ·········· 178

새로운 인생 1

8. 오상아(吾喪我) ········· 183

새로운 인생 2

9. 결합(結合) ········· 195

새로운 인생 3

10. 역(易) ········· 217

11. 점(占)과 시(詩)

01. 총설 ········· 245
02. 교련역법 보기 ········· 250
03. 교련역법 해설 ········· 253

12. 우리의 고향은 어디인가

01. 고향송(故鄕頌) ········· 291
02. 학송(鶴松) 스님 이야기 ········· 296
03. 묘약(妙藥)을 개발하라 ········· 307

1
꿈(DREAM)

01. 다양한 의미
02. 사슴의 꿈
03. 나비의 꿈
04. 청자베개 위의 꿈
05. 홰나무 아래의 꿈
06. 꿈과 현실

다양한 의미

꿈DREAM이란 무엇인가?

오스트리아의 신경과 의사인 지그문트 프로이트Sigmund Freud 1856~1939는 인간의 마음에는 신비스런 무의식의 세계가 존재하는데 이것이 꿈으로 나타날 수 있다는 심층심리학 내지 정신분석 차원의 『꿈의 해석』이란 저서를 남겼다.

꿈이란 일반적으로 잠자는 동안에 생시와 마찬가지로 여러 가지 일을 겪는 것을 이르는 말이다.

그러나 꿈은 실현하고 싶은 희망이나 이상을 나타내기도 하고 이와는 달리 공상적인 바람을 뜻하기도 하며 때로는 신혼의 꿈처럼 즐거운 환경에 젖어 각박한 현실을 잊음을 가리키기도 한다.

위에서 본 것처럼 꿈을 여러 가지 의미로 받아들일 수 있지만 인생을 마무리하는 사람에게는 꿈이란 또 다른 의미로 덧없음이고 헛됨이며 무상함이다.

나이가 들어서 지난 세월을 돌이켜 보라. 사람의 일생이 꿈이라고 느낄 것이다. 그래서 예로부터 사람의 한평생을 한바탕의 봄꿈이라 했다.

고려의 고승인 원감국사^{圓鑑國師} 1226~1292는 이름난 좋은 가문에서 태어나 19세의 어린 나이로 과거에 장원하여 벼슬길로 나아갔다. 그러나 이내 영달을 버리고 출가해서 선문^{禪門}으로 들어갔다. 후에 조계산^{曹溪山} 송광사가 있는 전남 순천시 소재의 산 이름 제6세^世 국사를 추증^{追贈} 나라에 공로가 있는 사람이 죽은 뒤 그를 높여 부른 말받았다.

송광사는 보조국사 이래 고려 선종의 근본도량이고 그곳의 경치 또한 빼어나 산다화^{山茶花}는 불같이 붉고 배꽃은 눈같이 희다는 원감국사의 선시가 전해 내려온다.

그런데 원감국사가 같은 전남 순천시 계족산 정혜사에 머물 때의 일이다. 형처럼 과거에 장원한 아우가 지방관이 되어 부임하기 전 산중으로 형을 찾아왔다. 어느덧 흰 머리가 된 형제가 해후상봉하였다. 이날 밤 풍우^{風雨}가 몰아치는데 두 사람은 그간의 이야기를 나누며 날이 밝는 줄도 몰랐다. 그러면서 형이 자신의 심경을 시로 적어 이를 아우에게 건네준다.

아우에게

우리 형제 헤어져
열 세 해 동안

남북으로 갈린 채
못 만나더니
계족산에 비바람치는
이 한밤

흰 머리로 나란히
누워 잘 줄이야

속세를 떠난 승려가 형제 간의 도타운 사랑을 노래한 것이 이채롭
다.
　어느덧 백발이 된 형제가 오랜만에 나란히 누워 밤새움을 하는 정
경이 참으로 눈물겹지 않은가.

　위의 원감국사 형제 이야기는 인간사의 한 단면에 불과하다.

　인간사의 희로애락은 다양한 모습으로 컴퓨터의 화면처럼 나타남
과 사라짐을 이어간다. 그러니 인간사가 꿈이 아니고 무엇인가.

꿈의 특성은 꿈꾸는 '나'는 '나'이면서도 현실의 '나'와는 별개의 '나' 란 것이다. 이것이 바로 꿈을 진실하지 못한 것으로 받아들일 수 있 는 근거이다. 그러나 현실의 '나' 또한 꿈과 다를 바 없는 부운^{浮雲} 뜬구 름 같은 존재이다. 그러니 결국 우리가 꿈을 이야기하는 것은 몽중설 몽^{夢中說夢} 꿈속에서 꿈 이야기를 하듯이 종잡을 수 없는 말을 함일 따름이다.

02

사슴의 꿈

초록몽^{蕉鹿夢}이란 인생에서 얻고 잃음이 한갓 꿈과 같이 허무하고 덧없음을 이르는 말이다.

옛날 어떤 나무꾼이 사슴을 잡아서 파초의 잎으로 덮어 두었으나 너무 기뻐 이리저리 왔다 갔다 하다가 그 장소를 잊어버려 한갓 꿈으로 생각하여 비몽사몽간^{非夢似夢間}을 헤맸다는 이야기에서 유래한다.

『열자^{列子}』의 〈주목왕편^{周穆王篇}〉에 이 이야기가 나온다. 원래의 내용이 사람을 헷갈리게 하므로 이를 알기 쉽게 정리할 필요가 있다.

중국 정^鄭나라의 나무꾼 A가 나무를 하다가 사슴을 한 마리 잡았다. A는 남이 볼까 두려워 허둥지둥 구덩이 속에 사슴을 감추고 파초의 잎으로 그 위를 덮었다. A는 너무 기뻐 정신없이 이리저리 왔다 갔다 하다가 그만 사슴을 감춘 그 장소를 잊어버렸다. 아무리 기억을 더듬어도 그 장소를 찾아낼 수가 없었다. 그래서 A는 자신이 꿈을 꾼 것으로 생각하고 길을 걸으며 혼잣말로 이 사건의 자초지종을 중얼거렸다. 이때 A의 곁에서 길을 걷던 B

가 이 말을 듣고 혹시나 하고 사슴을 찾아보았더니 사실이었다. 그래서 B는 사슴을 자기의 집으로 데려가서 아내에게 "조금 전 어떤 나무꾼이 사슴을 잡은 꿈을 꾸었는데 그 장소를 모른다고 했소. 그러나 나는 그의 말을 따라 사슴을 찾았소. 그 나무꾼은 진실한 꿈을 꾸는 사람이오"라고 말했다. 그러자 그의 아내는 "당신이 나무꾼이 사슴을 잡은 꿈을 꾼 것이 아닐까요? 어찌 그런 나무꾼이 있겠어요? 지금 당신이 이렇게 사슴을 데려왔으니 당신의 꿈이 진실한 것이지요"라고 말했다. 이에 남편은 "내가 꿈을 꾼 것이 아니라 나무꾼의 꿈이 진실한 것이오"라고 말했다.

한편 나무꾼 A는 사슴을 잃은 것을 잊지 않고 있다가 그날 밤 꿈을 꾸어 신기하게도 그 장소와 사슴을 데려간 B를 알아냈다. 날이 밝자 A는 B를 찾아갔다.

그리하여 A와 B는 사슴을 두고 소송을 벌였다.

누가 사슴의 주인일까?
생각하건대 A와 B의 소송은 재판관이 '꿈'을 어떻게 다루느냐에 따라 그 결과가 달라질 수 있다.
재판관인 사사±師는 나름대로 결론을 내려 A와 B가 사슴을 둘로 나누어 가지라고 판결했다.

정나라 임금이 이 이야기를 듣고 "사사가 꿈에서 사슴을 나누어준 것일 게다"라고 말하며 재상에게 이에 대해 물었다. 그러자 재상은 "꿈을 꾸었는지 꾸지 않았는지 저로서는 분별할 수 없습니다. 생시의 일인지 꿈속의 일인지를 분별하실 분은 오직 황제나 공자 같은 분일 것입니다. 지금은 누가 그것을 분별할 수가 있겠습니까?"라고 말했다.

열자列子 ?~?는 중국 전국시대 도가道家의 사상가이다. 기원전 4세기경 정鄭나라에서 살았다는 전설의 인물이다.

열자는 도가적 우주론을 노자 이상으로 깊게 구축하였다고 한다.

이 '초록몽'에는 시是와 비非 나아가 꿈과 현실이 서로 다르지 아니하다는 도가의 사상이 녹아 흐르고 있다.

03

나비의 꿈

호접몽胡蝶夢이란 장자莊子가 나비이었던 꿈에서 깨어나 자신이 나비와 인간 중 어느 것이냐 즉 꿈이 현실인지 아니면 현실이 꿈인지에 대하여 근본적인 의문을 던졌다는 고사에서 온 말이다. 『장자莊子』의 〈제물론편齊物論篇〉에 이 이야기가 나온다.

어느 날 장자는 꿈에 나비가 되었다.

날개를 펄럭이며 꽃 사이를 즐겁게 날아다녔다.

너무도 기분이 좋아서 자신이 장자인지도 몰랐다.

그러다 불현듯 꿈에서 깨었다.

깨고 보니 자신은 나비가 아니라 장자가 아닌가?

장자는 생각에 잠겼다.

아까 꿈에 나비가 되었을 때는

나는 내가 장자인지 몰랐다.

지금 꿈에서 깨고 보니 나는 분명 장자가 아닌가?

그렇다면 지금의 나는 정말 장자인가,

아니면 나비가 꿈에서 장자가 된 것인가?

지금의 나는 과연 진정한 나인가?

아니면 나비가 나로 변한 것인가?

흔히 호접몽胡蝶夢을 '나비의 꿈'이라고 한다. 한국이 낳은 세계적 작곡가 윤이상 씨는 이 이야기를 주제로 하여 「나비의 꿈」이란 오페라 opera를 창작하였다. 이 '나비의 꿈' 이야기 때문에 옛날부터 장자를 '몽접주인夢蝶主人'이라고 했다. 요즘 말로 하면 '나비꿈 선생'이다.

장자의 생애에 대한 기록으로 가장 오래 된 것은 중국 전한前漢시대의 유명한 역사가 사마천司馬遷이 저술한 『사기史記』이다. 사마천 司馬遷은 『사기史記』에 장자의 생애에 대한 275 자의 간략한 이야기를 남겼다.

『사기史記』에 따르면 장자는 몽蒙이라는 곳의 사람으로 성은 장莊, 이름은 주周이다. 몽은 장자가 살던 중국 전국시대에는 송宋이라는 조그마한 나라에 속하였다. 젊어서 칠원漆園이라는 옻나무 밭에서 일했다는데, 그 일이 무엇인지 확실하지 않다.

학자들은 보통 장자의 생존 연대를 대략 기원전 369~286년이라고 한다.

사마천의 『사기』를 보면, 장자의 사상이 "그 근본은 노자의 설에 귀일한다"고 하였다. 장자의 사상이 노자의 사상과 근본적으로 궤를 같이 한다는 데 이의를 제기할 사람은 없다. 그러나 한마디로 "장자는 노자를 주석한 것"이라는 말은 지나치다. 왜냐하면 노자 철학과 장자 철학이 따로 발전해 오다가 기원전 2세기경에 합쳐 '노장老莊 철학'을 형성하였고 이 과정에서 오히려 장자 철학이 그 주축을 이루었다는 주장까지 제기되고 있기 때문이다.

　생각하건대 두 사람은 중심 사상이 같지만 노자보다 오랜 세월 후의 장자가 노자가 제기한 문제를 새롭게 해석해서 달리 표현했다고 보는 것이 무난하겠다.

　장자의 도가 사상은 중국의 철학·문학·예술 등에 큰 영향을 끼쳤으며 특히 당대唐代에 와서 선禪 불교를 꽃피우는 직접 계기가 되었다.

　이 '호접몽'을 가만히 따져 보면 이것은 한 가지 꿈 이야기가 아니라 두 가지 꿈 이야기이다. 왜냐하면 이것은 장자가 나비로 되는 꿈과 나비가 장자로 되는 꿈을 같이 거론하고 있기 때문이다. 두 가지 꿈에서 다 깨어나려면 작은 깨달음이 아닌 큰 깨달음 즉 대각大覺을 이루어야 한다. 다시 말하면 이것과 저것을 벗어나 서로가 서로가 되는 자유로운 경지를 이루어야 한다.

　이 '나비의 꿈'은 우리가 본디 '자유인'임을 일러 준다.

04

청자베개 위의 꿈

한단지몽邯鄲之夢이란 인생과 부귀영화의 덧없음을 이르는 말이다. 중국 당나라의 노생盧生이란 사람이 한단邯鄲 땅에서 여옹呂翁이란 도사의 베개를 빌려서 잠을 잤는데, 꿈속에서 80년 동안 부귀영화를 다 누렸으나, 깨어 보니 메조로 밥을 짓는 동안이었다는 이야기에서 유래한다. 당나라의 심기제沈旣濟가 지은 전기소실인 『침중기枕中記』에 이 이야기가 나온다.

중국 당唐나라 현종玄宗 때 산동山東에 사는 노생이란 사람이 어느 날 한단 땅에서 주막에 머물고 있는 여옹이란 도사를 만났다. 그는 여옹에게 아무리 애를 써봐도 가난을 면치 못하고 산다며 신세한탄을 하면서 졸기 시작했다. 그러자 여옹이 자기의 보따리 속에서 양쪽으로 구멍이 뚫린 청자베개靑磁枕를 꺼내 주자 노생은 그것을 베고 잠이 들었다. 노생이 꿈속에서 점점 커지는 베개구멍 속으로 들어가 보니, 고래 등같이 큰 집이 있었다. 노생은 최씨 명문가인 그집 딸과 결혼하고 과거에 급제하여 벼슬길로 나아가 순조롭게 승진해서 마침내 재상이 되었다. 그후 10년간 명재상으로 이름이 높았으나 어느 날 갑자기 역적으로 몰려 잡혀가는 몸이 되었다. 노생은 포박을 당하며 "내 고향 산동에서 농사나 지으면서 살았으면 이런 억울한 누명은 쓰지 않았을 텐데, 무엇 때문에 벼슬길로 나갔던가. 그 옛날 누더기를 걸치고 한단의 거리를 거닐던 때가 그립구나"라고 말하며 자결하려 했으나, 아내와 아들의 만류로 뜻을 이루지 못했다. 다행히 사형은 면하고 변방으로 유배되었다가 수년 후 모함이었음이 밝혀져 다시 재상의 자리에 오르게 되었다.

그후 노생은 모두 고관이 된 아들 다섯과 열 명의 손자를 거느리고 행복하게 살다가 80세의 나이로 세상을 떠났다. 그런데 노생이 기지개를 켜며 깨어 보니 꿈이었다. 옆에는 여옹이 앉아 있었고, 주막집 주인이 메조밥을 짓고 있었는데, 아직 뜸이 들지 않았을 정도의 짧은 동안의 꿈이었다. 노생을 바라보고 있던 여옹은 "인생이란 다 그런 것이라네"라고 웃으며 말했다. 노생은 한바탕 꿈으로 온갖 체험을 다 겪게 해서 부질없는 욕망을 던져버리게 해준 여옹의 가르침에 머리 숙여 감사하고 한단 땅을 떠났다.

찰나刹那란 불교에서 시간의 최소단위를 가리키는 말이다. 산스크리트의 '크샤나ksana'를 음역한 것으로 『아비달마대비바사론』에 따르면 1찰나는 1/75초(약 0.013초)에 해당한다. 사람이 눈을 깜박거리는 데 걸리는 시간이 약 0.013초이다.

불교에서는 모든 것이 1찰나마다 생겼다 멸하고, 멸했다가 생기면서 계속되어 나간다고 하는데, 이것을 찰나생멸刹那生滅 · 찰나무상刹那無常이라고 한다.

현재의 1찰나를 기준으로 앞의 찰나를 과거, 뒤의 찰나를 미래라고 하며 이를 합쳐 찰나삼세刹那三世라 한다.

이 '한단지몽'을 통하여 바로 '찰나삼세'를 깨달을 수 있을 것 같다.

05

홰나무 아래의 꿈

남가일몽南柯一夢이란 꿈과 같이 헛된 한때의 부귀영화를 이르는 말이다. 중국 당나라의 순우분淳于棼이란 사람이 홰나무槐木의 남쪽 가지 밑에서 잠이 들었는데 괴안국槐安國으로부터 영접을 받아 20년 동안 부귀영화를 누리는 꿈을 꾸었다는 이야기에서 유래한다. 당나라의 이공좌李公佐가 지은 전기소설인 『남가태수전南柯太守傳』에 이 이야기가 나온다.

중국 당唐나라 덕종德宗 때 광릉 땅에 순우분이란 사람이 있었다. 어느 날 순우분이 술에 취해 집 앞의 큰 홰나무 아래서 잠이 들었다. 그러자 어디서 쪽빛 관복을 입은 두 사나이가 나타나더니 "저희는 괴안국왕의 명을 받고 대인을 모시러 온 사신이옵니다"라고 말했다. 순우분이 사신을 따라 홰나무의 구멍 속으로 들어가자 성문 앞에서 국왕이 그를 반가이 맞이했다. 순우분은 국왕의 사위가 되어 궁궐에서 영화를 누리다가 남가태수를 제수받고 부임했다. 남가군을 다스린 지 20년, 그는 그간의 치적을 인정받아 재상이 되었다. 그러나 그때에 마침 침공해 온 단라국군^{檀羅國軍}에게 참패하고 말았다. 설상가상으로 아내까지 병으로 죽자 벼슬을 사양하고 상경했다. 얼마후 국왕은 "천도해야 할 조짐이 보인다"며 순우분을 고향으로 돌려보냈다. 잠에서 깨어난 순우분은 꿈이 하도 이상해서 홰나무를 살펴 보니 뿌리부분에 구멍이 있었다. 그 구멍을 더듬어 나가자 넓은 공간에 수많은 개미들이두 마리의 왕개미를 둘러싸고 있었다. 여기가 괴안국이었고, 왕개미는 국왕내외였던 것이다. 또 거기서 '남쪽으로 뻗은 가지^{南柯} 남가'에 나 있는 구멍에도 개미떼가 있었는데 그곳이 바로 남가군이었다. 순우분은 개미 구멍을 원상태로 고쳐 놓았지만 그날 밤에 큰 비가 내렸다. 이튿날 아침 그 구멍을 살펴보니 개미는 흔적도 없이 사라졌다. 국왕이 "천도해야 할 조짐이 보인다"라고 말한 것이 꿈이 아닌 현실의 것이었다.

불란서 작가 베르나르 베르베르^{Bernard Werber}의 『개미』를 읽은 사람은 이 '남가일몽'을 한결 자연스레 받아들일 것이다. 『개미』는 인간세계와 개미세계가 함께 전개되는 추리소설로, 집필에만 12년이 걸렸다. 세계 10여 개국에 판권이 팔렸고, 〈과학과 미래〉의 그랑프리와 '팔리시'상을 수상하였다. 신선한 발상과 기상천외한 기지가 가득 차 있는이 작품은 섬뜩하리 만큼 개미세계를 자세하게 관찰하고 세밀히 묘사하였다. 개미세계의 사랑과 반역 그리고 생존을 위한 투쟁이 고스란히 녹아있는 흥미진진한 역작으로 전5권이며 세계적인 스테디 & 베스트셀러이다.

보통사람은 자고 나면 상당 부분 꿈을 잊어버리기 쉬운데 베르나르 베르베르는 매일 아침에 일어나 5분씩 꿈일기를 썼다고 한다. 그만큼 기억이 선명하게 난다는 이야기이다. 결국 『개미』를 구상하는 데 있어서 그 기본 뼈대는 꿈에서 얻은 내용으로 충당했다는 말이다. 그렇다면 『개미』는 바로 현대판 '남가일몽'이라고 하겠다.

생각하건대 인간은 포유동물이고 개미는 곤충으로 각각 크기 · 몸무게 · 개체수 등 차이가 있지만 같은 지구상의 생명체이다. 그리고 인간처럼 개미도 이른바 사회생활을 한다. 그러니 인간과 개미가 교감交感할 수 있다고 본다. 나아가 인간과 개미는 중생衆生이 윤회하는 꿈속의 한 모습일 따름이라고 볼 수 있다. 그러므로 이 '남가일몽'을 통하여 인간과 개미 즉 자기와 남이 서로 다르지 아니함을 깨달을 수 있을 것 같다.

06

꿈과 현실

몽유도원도夢遊桃源圖는 조선의 화가 안견安堅이 세종대왕의 셋째아들인 안평대군의 꿈 이야기를 듣고 그린 산수화이다. 일본의 덴리대학天里大學 중앙도서관에 소장되어 있다.

이 그림은 안견의 대표적인 작품으로 여러 가지 특색을 지니고 있다.

우선 이야기의 전개가 통상적인 두루마리 그림의 예와 다르다. 산들이 왼편에서부터 오른편으로 점점 높아져 서서히 웅장감을 더한다. 사람이나 동물의 모습은 전혀 그려져 있지 않아 중국의 도원도와는 차이를 드러낸다.

그리고 왼편의 현실세계를 정면에서 본 것으로 자연스럽게 처리하

고 오른편의 도원의 세계 즉 꿈세계를 부감^{俯瞰} 높은 곳에서 아래를 내려다봄
법을 구사해서 환상적으로 표현하여 두 세계가 큰 차이를 보이는 것
도 두드러진 특색의 하나이다. 안견은 이와 같은 부감법을 사용함으
로써 사방이 산으로 둘러싸여 있으면서도 그 면적이 넓은 도원의 세
계를 성공적으로 표현하였던 것이다.

무엇보다도 큰 특색은 전체의 경관이 몇 개로 따로따로 떨어져 있
으면서도 전체적으로는 큰 조화를 이루는 하나의 통일된 전경^{全景}을
형성하고 있는 것이다.

이상의 여러 가지 특색은 안견이 독자적인 화풍을 형성했음을 말
해 주는데 안견의 이러한 자세가 후대의 한국산수화에 큰 영향을 미
쳤으리라고 본다.

 이 그림에는 안평대군의 제서^{題書}와 발
문^{跋文} 그리고 시^詩 한 수를 비롯해 당대
20여 명의 고사^{高士} 등이 쓴 모두 23편의
찬문^{撰文}이 들어 있다. 이들은 각자의 자필로 쓰여져 있어 문학사적·
서예사적으로 큰 가치가 있다.

그러나 이 몽유도원도^{夢遊桃源圖}의 '도원^{桃源}'을 중국 진^晉나라의 도연명
이 지은 『도화원기^{桃花源記}』와 연결지을 수 있을 것이다. 『도화원기^{桃花源}
^記』는 대략 다음과 같은 이야기이다.

동진東晉의 무릉武陵에 사는 한 어부가 배를 타고 강을 거슬러 올라가다가 복사꽃이 피어 있는 수풀 속에서 길을 잃었다. 어부는 배에서 내려 걸어가다가 그 수풀의 끝에 이르러 강물의 수원이 되는 깊은 동굴을 발견했다. 그 동굴을 빠져나오니 아름답고 평화로운 별천지가 펼쳐졌다. 그곳에서는 논밭과 연못이 그림과 같고, 닭 소리와 개 짖는 소리가 한가로우며, 남녀가 모두 외계인 차림의 옷을 입고 즐겁게 살고 있었다. 그들은 진秦나라의 전란을 피하여 그곳까지 온 사람들인데, 수백 년 동안 바깥세상과의 접촉을 끊고 산다고 하였다. 어부가 융숭한 대접을 받고 돌아올 때 그들은 어부에게 그곳의 이야기를 입 밖으로 내지 말라고 당부했다. 그러나 그러한 당부와는 어긋나게 돌아오는 도중에 그곳을 찾을 수 있도록 표를 해 두었으나, 다시는 그곳을 찾을 수가 없었다.

이 도연명의 『도화원기桃花源記』는 고대의 자연주의적 유토피아utopia 사상을 담은 것으로 후세의 문학·예술에 큰 영향을 주었다.

지금까지 살펴본 것처럼 꿈과 현실은 서로 어우러져 멋진 결과를 이루어낼 수 있다. 나아가 깨고 나서도 그 아름다움이 선명한 꿈은 인생의 활력소이다. 그러나 꿈과 현실이 헷갈려 일상생활이 피곤해지면 문제이다. 예를 들어 꿈에서 휴대폰으로 문자메세지가 왔는데 현실에서 거기에 답을 하는 경우이다. 그러면 꿈과 현실이 일치해서 정말로 꿈의 일이 현실의 일로 일어나면 어떠할까? 꿈과 현실이 확실하게 구분이 되지 않아 비몽사몽간非夢似夢間을 헤매는 삶이 되리라. 몽유병夢遊病은 잠을 자다가 갑자기 일어나서 어떤 행동을 하는 정신병으로 나중에 정신이 나도 발작 중의 일은 기억하지 못한다. 몽중방황夢中彷徨이다. 우리가 평생을 꿈속에서 이리저리 헤맨다고 보면 인생이란 바로 이 '몽중방황夢中彷徨'이 아닐까?

현재로서는 인간의 꿈과 현실을 확실하게 구분하여 이를 의학적으로 다스릴 방법이 없는 것 같다.

그러면 이 문제를 좀더 다른 차원인 '우주변화의 원리'로 레벨 업 level up 시켜 다루어 보기로 하자.

동양에서 우주변화의 원리를 상수象數로 체계화하여 나타낸 도서가 하도河圖와 낙서洛書이다.

『황극경세서』를 쓴 송宋나라 소강절은 하도와 낙서를 3년간 들여다보고 비로소 그 의미를 깨우쳤다고 한다.

또한 우리나라 화담 서경덕은 문둥병에 걸렸다는 거짓말을 해가며 문을 걸어 잠그고 3년간 하도와 낙서를 탐독하였다고 한다.

하도와 낙서는 동양철학의 알맹이 내지 '알파와 오메가'이다.

하도란 옛날 중국 복희 시대에 황하에서 나왔다는 용마가 등에 지니고 있던 쉰다섯55 점의 그림이다. 황하의 '하河'와 그림의 '도圖'를 합친 것이 '하도河圖'이다.

하도는 용마의 등에 나타난 모습인데 등의 털이 마치 별 모양과 같이 똘똘 말려 1에서 10까지 55개의 점으로 질서있게 배열되어 있다. 복희는 황하에서 나온 용마의 등에 그려진 무늬를 보고 하늘과 땅의 율동상을 깨달아 이를 그림으로 그렸다고 한다. 하늘의 계시로 '자연 속에 숨겨진 질서'인 상^象을 읽고 이를 '천지의 기본 수'인 1에서 10까지의 수^數로 체계화하였다.

낙서란 옛날 중국 하^夏나라 우임금이 9년홍수를 다스릴 때 낙수에서 나왔다는 커다란 거북의 등에 있던 45개의 점이다. 낙수의 '낙^洛'과 글 서의 '서^書'를 합친 것이 '낙서^{洛書}'이다. 낙서는 하도와 음양 짝을 이루는 것으로 우주변화의 원리를 그려낸 문서이다. 하나라 우임금은 커다란 거북 즉 신구^{神龜}의 등에 나타난 여러 개의 점에서 천지 변화의 기틀을 깨닫고 이를 수상^{數象}으로 나타냈다고 한다.

하도는 용마의 등에 나타난 모양이 그림과 같으므로 '그림 도^圖'자를 썼고, 낙서는 신구의 등에 나타난 모양이 글자 획과 같아서 '글 서^書'자를 썼다고 한다.

하도의 총수는 55이고 낙서의 총수는 45로 둘을 합하면 100이 된다. 하도와 낙서는 아래의 그림처럼 신비로운 가변수 10의 조화 속에서 파동을 이루어나가는 우주변화의 두 가지 상반^{相反}된 모습이라고 할 수 있다.

우주

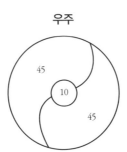

하도와 낙서에 대해서는 여러 가지 견해가 있을 수 있다. 그 가운데 천문학의 가설인 '홀hole' 이론을 적용한 다음의 견해가 무척 흥미롭다.

하도는 수축(⊙)하는 우주를 나타낸 것이고, 낙서는 팽창(⊙)하는 우주를 나타낸 것이다. 그런데 우주는 블랙 홀black hole → 웜 홀worm hole → 화이트 홀white hole로 이어지면서 수축과 팽창을 반복하는 다원우주이다. 하도의 우주는 블랙 홀로 빠져들어간다. 그 다음 블랙 홀과 화이트 홀의 연결고리인 웜 홀을 통과하게 되는데, 여기에서는 시간과 공간 등 모든 것이 사라지며 우주 구조의 코드 변화가 일어난다. 그 결과 블랙 홀로 빠져들어간 하도의 시간과 공간 등 모든 것이 다시 분출되는 낙서의 우주가 전개된다.

인간을 소우주小宇宙라고 한다. 소우주란 우주의 한 부분이면서 마치 그것이 한 덩어리의 우주와도 같은 상相을 나타내는 것이다. 그렇다면 위의 그림과 위의 견해를 그대로 인간에게 적용할 수 있다.

① 꿈과 현실은 위의 그림처럼 신비로운 가변수 10의 조화 속에서 파

동을 이루어나가는 인간의 두 가지 상반相反된 모습이라고 할 수 있다.

　참고로 우리나라『천부경』에서는 "일적십거 무궤화삼一積十鉅 無匱化三"이라고 하여 1이 10까지 나아가면 극極을 이루고, 극이면 변한다는 원리에 따라 텅 빈 상태로 변하여 새로운 시작을 일으킨다고 한다. 따라서 10이 즉 0이고 이것이 다시 1로 이어진다. 비어 있는 상태를 채우는 과정이 계속 이어지지만 결코 채울 수 없는 우주변화의 원리를 일러주고 있다.

　그러면 이 10의 정체가 무엇일까? 이 10이란 바로 다름 아닌 우주의 중심 생명인 범梵과 개체의 중심 생명인 아我의 본바탕인 0이라고 본다.

　이와 같이 보면 꿈과 현실은 이 '0'의 조화 속에서 파동을 이루어나가는 인간의 두 가지 상반相反된 모습이라고 할 수 있다.

　② 인간이란 위의 견해 즉 천문학의 가설인 '홀hole' 이론에 따르면 꿈과 현실을 반복하는 다원우주이다.

　이를 달리 표현하면 꿈과 현실은 인간 구조의 코드 변화로 꿈이 현실로 다시 살아나고 현실이 꿈으로 다시 살아난다.

　그러면 인간 구조의 코드 변화를 심층심리학 내지 정신분석 차원으로 설명할 수 있을까? 지그문트 프로이트Sigmund Freud 1856~1939는 심적 현상을 의식과 무의식으로 나누고, 후자를 다시 전의식前意識과 본래의 무의식으로 나누었다. 그에 의하면 무의식의 심적 내용은 억압된 관념 및 본능특히 성적 본능으로 이루어진다. 위의 전의식前意識을 잠재의식이라고 본다.

이와 같이 보면 인간 구조의 코드 변화란 '의식→잠재의식→무의식' 내지 '무의식→잠재의식→의식'이라고 할 수 있다.

위의 ①과 ②를 종합하면 인간은 '0'이라는 묘공妙空의 마음을 지니고 여러 층의 의식 세계를 펼치는 무한無限하면서 유한有限한 존재이다.

불교의 『반야심경』에서 말하는 '색즉시공 공즉시색色卽是空 空卽是色'의 의미는 색色인 유형有形은 공空인 무형無形과 서로 다르지 않다는 것이다.

의문이 생길 수 있지만 이것이 바로 진리다.

생각해보라. 모든 물체는 분자→원자→원자핵→소립자로 분해되므로 결국 소립자의 뭉치와 다르지 않다. 그런데 그 소립자는 신비스런 형태로 충돌을 거듭하며 나타남과 사라짐을 반복하니 나타날 때는 색色이고 사라질 때는 공空이다. 유형에서 무형으로, 그리고 무형에서 유형으로 변화를 되풀이하여 색즉시공 공즉시색을 이룬다.

꿈과 현실도 이와 다르지 않다.

2
장진주(將進酒)

01. 인생과 술
02. 달빛 아래 황금 술통 그대로 두지 말라
03. 종일토록 마셔 흠뻑 취하자
04. 꽃 꺾어 수(數) 놓고 무진 무진 먹세그려
05. 술은 귀신을 부른다

인생과 술

장진주란^{將進酒}란 이제 술을 드린다, 권한다는 뜻으로 인생의 덧없음을 술로 달램을 예찬하는 말이다.

예로부터 인생은 풀잎에 맺힌 이슬처럼 덧없다고 한다. 사실 모든 것이 컴퓨터의 화면처럼 잠깐 나타났다가 순식간에 사라진다.

그래서 인생의 덧없음을 술로 달래며 '장진주'를 노래한 시인들이 있다. 어디 이들뿐이겠는가. 수많은 인류가 나름대로 '장진주'를 노래하였을 것이다.

술이란 알코올 성분이 있어서 마시면 취하는 음료의 총칭이다. 인간이 살아가면서 슬픔과 기쁨 즉 애환을 함께 하는 데 술만한 것이 없다. 옛글에 따르면 술은 하늘과 인간을 연결시켜 주는 성스러운 음료이다. 사실 술을 마시면 사람의 몸에 날개가 돋쳐 하늘로 올라가 신선이 되는 느낌이 든다. 그러나 조금 상스러운 말로 표현하면 간이 부어 정상적인 인간의 틀을 벗어난다.

이렇든 저렇든 인간이 술의 유혹으로부터 자유롭기가 쉽지 않다. 때문에 인간은 유한한 인생을 한스러워 하며 술로 즐기려는 경향이 있다.

술은 인류가 만든 음료 중 역사가 가장 오래된 것이다. 술의 기원에 대해서는 지역마다 신화·전설 등의 설화로 전해 내려오고 있다. 예를 들어 중국에서는 하夏나라 우임금 때 의적儀狄이 곡류로 처음 술을 빚어 임금께 헌상했다는 전설이 있고 로마 신화의 주신酒神인 바커스Bacchus는 각지에 포도 재배와 양조법을 전파했다고 한다.

생각하건대 술은 나뭇가지의 홈이나 바위의 움푹 들어간 곳에 있던 과일 등에서 자연발생적으로 생성되었을 것이고 인간이 이를 맛본 후 빚어서 마시게 되었을 것이다.

세계의 여러 민족은 오랜 세월을 두고 그들이 살고 있는 자연환경과 사회환경에 맞추어 고유한 음주문화를 형성하여 왔다. 예를 들어 양조법의 경우 아시아의 몬순monsoon 문화는 누룩곰팡이를 이용해 술을 만들었고 유럽의 목축문화는 누룩곰팡이를 사용하지 않는 술을 낳았다. 이렇게 형성된 전통주들이 그 민족 나름대로의 맛과 멋을 담고서 특색 있는 술로 자리매김하였다.

오늘날은 각양각색의 명주銘酒 특별한 제조법으로 빚고, 고유한 상표가 붙은 좋은 술가 '장진주'를 노래하라고 하는 것 같다.

02

달빛 아래 황금 술통 그대로 두지 말라

이백李白 701~762은 중국 당唐나라 시인이다. 중국 제일의 시인으로 추앙되며 시선詩仙으로 불린다.

이백이 현종玄宗의 부름을 받아 장안에 나타났을 때 하지장賀知章이란 인물이 그를 하늘나라에서 벌을 받고 인간세계로 쫓겨 내려온 신선 즉 적선讁仙이라 부르며 허리에 차고 있던 금거북을 끌러 술을 샀다는 유명한 일화가 있다.

이백을 흔히 이태백李太白이라고 하는데, 태백太白은 그의 자字이다. 어머니가 그를 배었을 때 태백성太白星을 꿈꾸었다고 한다.

이백의 「장진주將進酒」는 그의 천재성이 가장 잘 나타난 명시名詩 중의 하나이다.

그대는 보지 못했는가, 황하黃河의 저 물이
천상에서 내려와 달리어 마침내 바다에 이르면

돌아오지 않음을!

그대는 보지 못했는가, 덩그런 집 속에서

거울과 마주 앉아 백발을 슬퍼함을!

아침에 푸른 실 같더니

저녁 되니 어느덧 흰 눈이어라.

뜻 같을 적에

모름지기 즐길 것이니

달빛 아래 황금 술통

그대로 두지 말라.

하늘이 이 몸을 낳으실 적에

반드시 쓸데가 있음이니

천금千金은 흩어도

다시 돌아온다.

염소를 찌고 소를 요리해

즐길 것이니

단숨에 삼백 잔을

마시리로다.

잠부자岑夫子, 단구생丹丘生이여!

술을 보내노니

사양치 말라.

그대들을 위해

내 한 곡조 노래하리니

나를 위해 귀 기울여 들어 보게.

흥겨운 음악과 산해의 진미가

귀한 바 아니라

길이 취해 깨지 않기를

원하는 바이라.

고래로 현인과 달사가

모두 적막하나

술꾼만이

그 이름을 남기었나니,

진왕陳王은 그 옛날

평락관에서

한 말에 만전萬錢이나 하는 술로

즐기었도다.

주인이여, 돈이 모자랄까

걱정치 말게.

모름지기 술을 사다가

그대와 대작하리라.

아이를 불러,

오화마五花馬 오색 털빛이 아름다운 말와

천금구千金裘 여우 가죽으로 만든 비싼 모피의를

좋은 술과 바꾸게 하여,

그대와 함께

만고의 시름을 잊어 보리라.

이백의 생애는 분명하지 못한 점이 있다. 그의 가계家系 자체가 모호하다. 부모의 이름조차 전하지 않는다. 조상이 죄를 짓고 서역西域으로 도망했다가, 뒤에 촉蜀으로 옮겨 왔다 하며, 이백도 거기서 태어난 것으로 보인다. 일찍이 검술을 좋아할 만큼 활달했던 그는 25세 때 촉蜀을 떠나 방랑객으로 나섰다. 도교道敎를 좋아한 그는 산중에서 지낸 적도 많았다. 그의 시에 나타나는 환상적인 아름다움은 대부분 도교적 발상에 의한 것이며, 산중은 그의 시적 세계의 중요한 무대이기도 하였다.

이백은 42세에서 44세까지 3년간, 한림翰林에 출사出仕하여 궁중을 드나들었다. 그러나 이런 세속적 행복이 오래 지속될 리 만무했다. 그 이유는 간단하다. 그는 천성이 자유인이기 때문이다. 결국 그는 타인의 미움을 받아 실각하게 되었다. 그리하여 그는 장안을 떠나 다시 방랑객으로 나섰다.

그는 결혼하여 자녀도 가졌으나, 가족과 오랜 시간을 함께 한 적이 드물었다.

그의 한평생 발자취는 중국 각지에 닿지 않은 곳이 없을 정도이다. 그는 가는 곳마다 술잔을 기울이면서 취흥을 시로 쏟아 놓았다.

그는 당도當塗에서 62세의 나이로 병사하였다.

이백은 수석木石이 빼어난 채석강采石江에서 뱃놀이를 하다가, 술에 취하여 강물 속의 달을 잡는다고 강으로 뛰어들었는데, 그때 죽은 것이 아니라, 고래를 타고 하늘로 올라갔다는 전설이 있다.

이백이 달과 친구였던 것은 사실이다. 그는 자기의 시 「우인회숙友人會宿 친구와 같이 잔다」에서 이를 밝히고 있다. 원래 태백성太白星과 달은 밤하늘에 함께 빛난다.

03

종일토록 마셔 흠뻑 취하자

이하^{李賀} _{791~817}는 중국 당^唐나라 시인이다.

그의 시가 도깨비불 즉 귀화^{鬼火}처럼 요기^{妖氣}를 발하기 때문에 그를 귀재^{鬼才}라고 부른다. 사실 그의 시에는 곧잘 귀신이 등장한다. 예를 들어 차가운 비를 타고 어여쁜 혼이 찾아온다. 나아가 자기는 죽어 가을의 무덤 속에서 시를 노래한다. 아마 그는 이승과 저승을 자연스레 넘나들었는지 모른다.

이하의 「장진주^{將進酒}」는, 잠깐 요기^{妖氣}를 떠나, 화려하고 진한 색감의 환상적인 표현으로 술 마시는 즐거움을 노래한 것으로 그의 독특한 개성이 가장 잘 나타난 명시^{名詩} 중의 하나이다.

유리잔 가득히

호박^{琥珀}빛 액체를 따르라.

진주같이 붉은 것이

술통에서 찰찰찰 넘쳐 흐르고,

용을 삶고 봉황을 구우니

기름이 방울져 구르네.

병풍을 치고 장막을 드리우니

향기로운 분위기가 감도누나.

용 울음처럼 피리를 불고

악어 가죽 북을 치자, 둥둥두둥둥.

여인은

흰 이빨 드러내어 노래하고

가는 허리로 하늘하늘 춤을 추라.

봄도 어느덧 기울려 하느니

보라, 떨어지는 붉은 빗방울처럼 이리저리 지는 복사꽃!

종일토록 마셔 흠뻑 취하자.

우리들이 죽은 다음에야 누가 술을 권하랴.

이하는 당나라 황실의 후예이며 이백과 함께 중국을 대표하는 시인인 두보杜甫의 먼 친척이기도 하다. 그의 아버지인 이진숙李晉肅은 변경의 관리로 근무하다가 일찍 세상을 떠났다. 그런데 그의 아버지의 이름자인 진숙晉肅의 '진晉'이란 글자가 그의 출세를 가로막았다. 그는 진사進士가 되고자 했다. 그러나 진사시進士試는 그의 재주를 시기하는 사람으로부터 부친의 휘諱 돌아간 높은 어른의 생전의 이름가 진숙晉肅인데 진晉과 진進은 그 발음이 같아서 그 휘諱를 범한다는 이의가 제기되어 그만 좌절되었다. 그 당시의 풍속으로는 임금이나 아버지의 휘諱를 꺼리어 부르지 않았다. 그후 봉예랑奉禮郎이란 말직을 얻어 2년간 근무하였으나 스스로 물러났다. 그리하여 비애와 실의 속에 27세의 나이로 요절했다. 어떤 이는 그를 두고 동양의 밤하늘에 나타났던 혜성과 같은 사람이라고 한다. 이백의 「장진주將進酒」가 음주의 정신적인 즐거움을 표현한 것이라면 이하의 「장진주將進酒」가 술 마시는 즐거움을 육체가 느끼는 향락의 노래로 나타낸 것이라고 볼 수 있을까.

04

꽃 꺾어 수數 놓고
무진 무진 먹세그려

　정철鄭澈 1536~1593은 조선 중기의 문신 겸 시인이다. 당대 가사문학
의 대가로서 시조의 윤선도尹善道와 함께 한국 시가사상 쌍벽으로 일
컬어진다.

　정철의「장진주사將進酒辭」는 권주가勸酒歌이다. 정철은 애주가로 이름
이 높았다. 그가 지은 이 노래에는 삶과 죽음의 허무와 적막 그리고
애수가 서려 있다. 형태상으로 그의「장진주사將進酒辭」를 가사 또는 사
설시조로 본다.

　한 잔 먹세그려.

　또 한 잔 먹세그려.

　꽃 꺾어 수數 놓고

　무진 무진 먹세그려.

　이 몸 죽은 후면

지게 위에 거적 덮어 졸라매 메고 가나

오색실 화려한 휘장에 만인이 울며 가나,

억새풀, 속새풀, 떡갈나무, 백양 속에 가기만 하면,

누런 해, 흰 달, 가는 비, 굵은 눈, 회오리바람 불 제

뉘 한 잔 먹자 할꼬.

하물며 무덤 위에 원숭이 휘파람 불 때야

뉘우친들 어찌 하리.

정철은 인종仁宗의 귀인貴人인 맏누이와 계림군桂林君의 부인인 둘째누이로 인하여 어려서부터 궁중을 출입하였다.

1561년 진사시進士試에 1등으로 합격하고 다음 해 별시문과別試文科에 장원으로 급제하여 벼슬길로 나아갔다. 1580년 강원도 관찰사로 등용, 3년 동안 강원·전라·함경도 관찰사를 지내면서 시작품詩作品을 많이 남겼다. 1585년 관직을 떠나 고향으로 돌아가 4년 동안 작품 생활을 하였다. 1589년 우의정으로 발탁되었고, 다음 해 좌의정에 올랐다. 정철은 고향이 창평昌平이나 나중에는 강화江華의 송정촌松亭村에 우거寓居 남의 집이나 타향에서 임시로 몸을 붙여 삶하면서 만년을 보냈다.

그는 「장진주사將進酒辭」에서 고사성어나 한문조어를 피하고 우리말의 일상적 생활어를 시어詩語로 선택함으로써 대중과의 공감대를 폭넓게 형성하고 있다.

정철의 「장진주사將進酒辭」가 이백李白과 이하李賀의 「장진주將進酒」를 본받았다는 견해가 있으나 타당하지 않다. 왜냐하면 비록 소재와 시상詩想이 일치하지만 형식과 내용이 다르기 때문이다. 따라서 정철의 「장진주사將進酒辭」는 독창적인 작품이다.

05

술은 귀신을 부른다

술은 사람의 육체와 정신을 분리시키는 묘한 작용을 한다. 따라서 사람이 술을 마시면 정신이 육체를 떠나 귀신鬼神을 가까이 할 수 있다. 왜냐하면 귀신 또한 육체를 떠나 있기 때문이다. 술이 지나치면 필경 귀신을 만난다. 이를 일러 '술은 귀신鬼神을 부른다'라고 표현할 수 있다.

귀신鬼神이란 죽은 사람의 혼백이다. 그러나 상황에 따라서는 하늘 · 땅 · 산 · 물 · 바위 등의 자연이나, 호랑이 · 소 · 개 · 여우 · 닭 등의 동물이나, 둥구나무 등의 식물, 그리고 어떤 사물이나 질병조차 귀신이 될 수 있다.

이하李賀는 「신현곡神絃曲」에서 다음과 같이 노래한다.

해가 지고

어둠이 깔리면
귀신들이 온다.
바람에 불려,
말을 타고 구름을 차면서.

땅에서는 풍악이 일고,
우는 듯 흐느끼는 듯 비파 소리,
닐리리 피리 소리.

무당은 사르르 치마를 땅에 끌어
춤을 춘다.

············

비의 신雨神은
못 속으로 들어가고

백살 먹은 올빼미는
도깨비가 된다.

············

    옛날부터 귀신鬼神은 지각이 있고 아무것이나 자유자재로 통과하면서 사람에게 화복禍福을 준다고 전해 내려온다. 그러니까 귀신鬼神은 이를 사람에게 화禍를 주는 귀鬼와 사람에게 복福을 주는 신神으로 나눌 수 있다. 하지만 귀신鬼神을 이처럼 분명하게 나눌 수 없다. 왜냐하면 사람도 저마다 성품과 능력이 다르듯이 귀신 또한 그러하기 때문이다. 따라서 사람에게 화禍와 복福을 아울러 주는 귀신이 있을 수 있고 사람에게 화복禍福을 주지 않는 귀신이 있을 수 있다. 우리 겨레는 좋은 귀신도 있으나 나쁜 귀신이 더 많다고 생각하였다. 그래서 민간에서는 나쁜 귀신을 막거나 내보내기 위한 방법 즉 이른바 '뱅이'가 등장하였다. 예를 들어 보자.

첫째, 나쁜 귀신은 광명 내지 붉은빛을 꺼린다 하여 해가 뜨는 동쪽으로 뻗은 복숭아 나뭇가지를 휘두르는 경우 등이다.

둘째, 나쁜 귀신을 위협해서 쫓아내려고 무당이 삼지창으로 병자의 환부患部를 찌르면서 "썩 물러나거라!"라고 소리치는 행위 등이다.

셋째, 나쁜 귀신을 환영 · 접대 · 환송으로 잘 달래서 피해를 최소한으로 줄이려는 마마천연두신 응대 행위 등이다.

그리고 민간에서는 좋은 귀신과도 일정한 관계를 가졌다. 예를 들어 제사 등이다.

나아가 민간에서는 생전에 행복한 삶을 누리고 편안하게 죽은 사람은 좋은 귀신이 되지만 그렇지 않은 사람은 나쁜 귀신이 된다고 믿었다. 그 결과 예를 들어 사람이 객지에서 비명에 횡사를 당하면 좋은 귀신이 되지 못하고 나쁜 귀신이 된다. 그리고 미혼남녀가 죽은 경우도 마찬가지이다. 그래서 무속에서는 총각귀신인 몽달귀신과 처녀귀신인 손각시가 등장한다.

동양에서는 옛날부터 귀신鬼神을 주로 음양설陰陽說로 해석하는 경향이 많았다. 그래서 귀鬼는 음지령陰之靈이고 신神은 양지령陽之靈이라 하였다. 나아가 모든 것은 변하므로 사람이 죽어 잠시 동안은 귀신으로 존재하지만 결국은 없어진다고 하였다.

참고로 귀신鬼神과 가까운 사이며 때로는 그 자신이 귀신으로 되어버린 이하李賀는 「신현神絃」에서 다음과 같이 노래한다.

무당이 술을 따라 땅에 부으면
구름이 삽시간에 하늘을 뒤덮고

옥로玉爐에서 숯불이 꽃처럼 피어올라
향이 타는 내음새가 코를 찌른다.

해신海神과 산귀山鬼가
함께 모여서

지전紙錢을 파닥이며
싸늘한 회오리바람을 일으킨다.

금빛 난새鸞鳥가 춤을 추는
상사나무 비파를 안고

눈썹을 찡그리고 주문呪文을 외우며
한 곡조를 타는구나!

…………

종남산에 지는 해가
서서히 빛을 거둔다.

신神은 언제나 있는 것,
이승有과 저승無의 사이에.

그 기색 살피어
웃고 울며 사는 무당.

일만 기騎 군졸의 옹위를 받으며
신神이 청산으로 돌아간다.

　　위의 시에 나타난 '해신海神과 산귀山鬼'에서 보듯이 신神과 귀鬼는 똑
같은 귀신鬼神으로서 차이가 없다. 따라서 이하李賀는 귀신을 나쁜 귀신
과 좋은 귀신으로 나누지 않았다. 다만 위의 시에 나타난 '기騎 군졸'와
'신神'에서 보듯이 귀신鬼神은 지위의 차이가 있다. 따라서 귀신세계는
이를 통솔하는 존재 즉 신장神將을 정점으로 피라미드pyramid 구조를 이

루고 있다. 그러니 사람은 신장神將의 도움이 있으면 귀신이 주는 화禍를 면할 수 있다.

예로부터 귀신을 다스리는 힘은 신명神明만 가지고 있는 것으로 전해 내려온다. 여기서 신명神明이란 귀신세계를 통솔하는 존재 즉 신장神將이라고 볼 수 있다. 때문에 사람은 신장神將의 도움으로 귀신이 주는 화禍를 면하려고 한다. 예를 들어 무당이 굿을 할 때 반드시 강신降神을 행하는 것은 신장神將의 왕림을 통해서 귀신을 제압하자는 것이다.

불교에서 이야기하는 윤회輪廻란 중생이 해탈을 얻을 때까지 그의 영혼이 업業에 의하여 육체를 바꾸며 다른 생을 받아 끊임없이 생사를 반복하는 것이다. 사람이 죽어서 나비로 태어날 수 있고, 나비가 죽어서 사슴  으로 태어날 수 있으며, 사슴이 죽어서 사람으로 태어날 수 있다. 그리고 사람이 죽어서 사람으로 태어날 수 있고, 나비가 죽어서 나비로 태어날 수 있으며, 사슴이 죽어서 사슴으로 태어날 수 있다. 중생이 죽어서 다른 생을 받는 형태는 이를 다 열거할 수 없다. 그러나 중생이 죽어서 어느 생으로 태어나든지 그 사이에는 반드시 연결고리인 중유中有가 필요할 것이다. 이는 천문학의 가설인 '홀hole' 이론이 블랙홀black hole과 화이트 홀white hole의 연결고리인 웜 홀worm hole을 설정하는 것과 같다. 그렇다면 중유中有는 웜 홀worm hole과 같아 여기에서는 시간과 공간 등 모든 것이 사라지며 우주 구조의 코드 변화가 일어난다.

그 결과 천문학의 가설인 '홀hole' 이론을 빌려 설명하면 '귀신鬼神이란 블랙 홀black hole과 화이트 홀white hole의 연결고리인 웜 홀worm hole에서 다음의 생을 기다리는 존재'라고 할 수 있겠다. 이렇게 설명하는 것이 '귀신鬼神이란 죽은 사람의 혼백이다' 등으로 설명하는 것보다 낫겠다. 왜냐하면 현대인에게는 과학적인 설명이 필요하기 때문이다.

사람이 술을 지나치게 마시면 신神將이 아닌 귀졸鬼卒 온갖 잡살뱅이 귀신과 어울려 화禍를 당한다. 왜냐하면 술에 취해 해롱거리는 사람에게는 유유상종類類相從으로 격格이 낮은 귀신이 어울려 이 사람을 꼭두각시 다루듯 하기 때문이다. 이백李白을 예로 들자.

이백은 42세에서 44세까지 3년간 한림翰林에 출사出仕하여 궁중을 드나들었다. 어느 봄날이었다. 궁중 흥경지興慶池에서는 활짝 핀 모란꽃이 향기를 풍기고 있었다. 양귀비楊貴妃를 데리고 침향정沈香亭에 오른 현종玄宗은 꽃과 귀비貴妃를 번갈아 가며 보았다. 악사樂士들이 불리우고, 당대의 명창名唱인 이귀년이 노래하기 위하여 앞으로 나섰다. 그때다.

"꽃과 귀비貴妃를 대하여 어찌 낡은 가사歌詞를 쓸까보냐."

현종은 환관 고력사를 시켜 이백을 불러들이라 했다. 어느 요정에서 발견된 이백은 만취해 있었다. 부축을 받아 겨우 정자에 올랐으나 어전에서 혀 꼬부라진 소리를 했다. 현종은 이백에게 율시律詩 10수를 짓도록 했다. 율시律詩는 대구對句 기타의 제약이 까다롭다. 두 명의 측

근으로 부축케 하고, 붓을 들려 주었다. 그러자 이백은 일필휘지一筆揮
之로 휘갈겼는데, 흠 하나 없는 명편名篇이어서 현종은 새삼 감탄했다.
이윽고 이귀년의 노랫소리. 귀 기울여 듣던 귀비貴妃는 술을 따라 이
백에게 권하고 현종께 절하여 두터운 사례를 올렸다.

　이리하여 이백의 득의得意는 하늘을 찌를 듯했건만, 정자에 오를 때
환관 고력사에게 신을 벗기라고 호령한 취태醉態로 말미암아 후일 그
의 음해陰害를 받아 궁중에서 추방되었다.

　만년의 이백은 술에 취하면 관복을 입고 않아서 그 교만함이 이를
데 없었다. 이럴 때의 눈빛은 굶주린 호랑이와 같았다고 한다. 모자
를 거꾸로 쓰고 다닌 것쯤은 약과이었다. 그러나 이러한 풍류도 헛된
꿈으로 끝나서 남의 집에서 쓸쓸하게 죽었다.

　이백李白처럼 '장진주將進酒'를 노래한 이하李賀는 어떠했는가. 그는, 나
이 스물에 마음은 이미 늙어 있었고, 현실과 환각을 같이 보았으며,
비애와 실의 속에 짧은 생애를 마쳤다.

　'장진주사將進酒辭'를 노래한 정철鄭澈은 어떠했는가. 그 역시 화禍를 면
할 수 없어 계략에 빠져 파직 · 유배되는 등의 파란을 겪었다.

　그러니 인생의 덧없음을 술로 달래려다가 귀신과 어울려 화禍를 당
하는 어리석음을 범하지 않아야 한다.

3

인연이
운명을 가른다

01. 운명론
02. 왕소군(王昭君)
03. 마르쿠스 아우렐리우스
04. 우연과 필연

운명론

운명론이란 모든 자연 현상이나 사람의 일은 미리 결정되어 있어 사람의 노력으로도 바꿀 수 없다고 믿는 이론이다. 이를 숙명론이라 고도 한다.

운명론을 주장하는 사람은 운명신을 내세운다. 운명신이란 이집트 의 샤이, 그리스의 모이라, 로마의 파르카이 따위처럼 운명을 좌우한 다는 신이다.

사실 인생 제반의 사건이 필연의 초인간적 위력에 의해 지배되고 있다는 생각이 들 때가 많다. 그래서 인간의 자유의지를 부정하고 체 념으로 향하여 비관주의로 빠지는 경우가 있다. 그러나 인간의 '자유 의지'를 부정하는 것은 인간을 로봇robot으로 전락시키는 것이다. 자유 의지란 이를 다음과 같이 다양하게 정의할 수 있다.

＊외부의 구속이나 제약을 받지 않고 제 스스로 어떤 목적을 세우고 실행
  할 수 있다는 의지.

*두 가지 이상의 동기에 대해 그 선택과 결정은 자신에게 있으며 이를 자
  유로이 선택할 수 있다는 의지.

*유심론에 근거를 두어, 우주의 일체는 정신의 소산이므로 정신이 목적
  을 가지고 스스로 생각하고 결정하는 의지.

*인간이 신에 의해 창조될 때부터 부여됐다는 의지.

위의 정의 중 '인간이 신에 의해 창조될 때부터 부여됐다는 의지'가
눈길을 끈다.

사실 그리스도교는 하나님이 인간의 운명을 예정하였으나 한편 인
간에게 자유의지를 주었다고 한다. 그 결과 인간은 비관주의로 빠지
지 않고 낙관주의로 흐를 수 있다. 그러나 같은 하나님을 믿는 그리
스도교가 신·구 양교파로 갈라서서 종교전쟁^{Wars of Religion}까지 일으켰
다. 그러니 인간이 너무 특정 종교에 치우쳐서는 안 된다.

오늘날 종교상의 충돌로 지구가 시끄럽다.

그렇다면 운명론을 어떻게 다루어야 할까?

필자는 이를 인과율^{因果律}로 다루어야 한다고 본다.

인과율이란 모든 일은 원인에서 발생한 결과이며, 원인이 없이는
아무것도 생기지 아니한다는 법칙이다.

인과율은 어느 누구가 만든 것이 아니므로 이를 달리 표현하면 인
과성^{因果性}이다.

인과성이란 인연^{因緣}이 있으면 반드시 그 결과가 있는 것으로 곧, 선

을 행하면 선의 결과가, 악을 행하면 악의 결과가 생기는 관계이다.

지금까지 이야기한 바를 정리하면 운명론이란 인연의 유무로 그 결과를 논하는 인연론因緣論이다.

그렇다면 인연因緣은 무엇인가?

인연因緣이란 결과를 만드는 직접적 원인인 인因과, 그 원인과 협동하여 결과를 만드는 간접적 힘이 되는 연줄인 연緣을 아울러 가리키는 말이다.

인因은 연緣을 매개로 하여 결과果를 맺는다起. 이를 인연과기因緣果起라고 한다. 모든 사물은 이 인연因緣에 의해 생멸한다. 그 결과 인간사人間事도 이 인연을 따라 변화한다.

피천득 씨의 대표적인 수필 「인연因緣」은 작가가 열일곱 되던 해에 도쿄東京에서 만난 일본 여성 아사코朝子와의 수십년에 걸쳐 세 번 만난 인연을 아름답고 담담하게 그려내고 있다.

사람의 한평생이란 환영처럼 스쳐가는 다양한 인연의 연속이다.

02

왕소군 王昭君

　　왕소군 王昭君은 중국 역사상 4대 미녀로 꼽히는 여인 중 하나이다. 본명은 소군 昭君이 아니고 장 嬙이며 비파를 매우 잘 연주하였다고 한다. 18세의 나이로 한 漢나라 원제 元帝의 궁녀로 들어갔다. 그 당시 궁녀가 수천여 명이었다. 원제는 그들을 하나하나 살펴볼 수 없었으므로 궁중화가인 모연수 毛延壽에게 궁녀 각각의 초상화를 그려 바치게 하였다. 그리고 그 초상화를 보고 마음에 들면 그 궁녀를 불러 사랑을 하였다. 그래서 많은 궁녀들은 모연수에게 뇌물을 바쳐 실물 이상으로 자신을 곱게 그리게 하여 원제의 사랑을 받았다. 그러나 왕소군은 뇌물을 바치지 않았으므로 이에 화가 난 모연수는 그녀의 용모를 아주 평범하게 그린 다음 얼굴에 큰 점을 하나 찍어 버렸다. 그러니 왕소군은 원제의 부름을 받을 수 없었다.

　　B.C. 33년 남흉노의 선우 單于 흉노족의 왕 호한야가 원제를 알현하기 위해 장안으로 왔다.

당시 흉노는 호한야의 형 질지골도가 동생이 선우가 된 것에 반발하여 북흉노를 세워 남흉노를 위협하고 있었다.

이때 한나라의 서역도호西域都護 감연수甘延壽가 북흉노를 정벌하고 질지골도를 죽이자, 호한야는 황급히 모피와 준마 등 많은 공물을 가지고 와서 원제에게 매우 공손하게 문안을 올렸다.

이를 크게 기뻐한 원제는 호한야를 환대하였다. 그러자 호한야는 원제에게 황제의 사위가 되고 싶다고 청하였다. 원제는 그것을 기꺼이 받아들이고는 공주를 시집보내기 전에 먼저 그에게 한나라 황실의 위엄을 과시하고자 화려한 연회를 열었다. 그러나 호한야를 매혹시킨 것은 연회장의 무희로 나왔던 왕소군이었다.

"황제의 사위가 되길 원하지만 지금 궁녀들 중 제가 선택한 한 명을 주셔도 좋습니다."

호한야가 원제에게 이렇게 제의를 하자 원제는 공주 선택문제의 번거로움을 피할 수 있다는 생각이 들어 즉석에서 호한야의 제의를 수락하였다. 이에 호한야는 곧바로 왕소군을 선택하였다.

원제가 보니 왕소군은 절세의 미인이 아닌가! 원제는 크게 후회하였지만 황제로서 내린 결정을 번복할 수 없었다.

연회가 끝난 후 원제가 왕소군의 초상화를 보니 실물과 전혀 다르지 않은가? 원제는 분노가 치밀어 올라 모연수를 참수하였다. 하지만 그것으로는 왕소군을 잃은 아쉬운 마음까지 달랠

수 없었다. 그래서 원제는 호한야에게 아직 혼수가 준비되지 않았으니 사흘만 기다리라고 속이고는 조용히 왕소군을 불러 사흘밤 사흘 낮을 함께 보냈다.

드디어 왕소군은 흉노족 차림으로 단장을 하고 원제에게 작별을 고하였다. 그때 원제는 그녀에게 '소군昭君'이라는 칭호를 내렸다. 소군昭君에는 '흉노에 가서도 한나라를 빛내는 여인이 되라'는 뜻이 담겨 있다고 한다.

왕소군은 장안을 마지막으로 바라본 다음 가슴에 비파를 안고 말에 올랐다. 그리고 서서히 늙어가는 흉노 선우 호한야를 따라 장안을 떠나갔다. 이백李白은 「왕소군王昭君」에서 다음과 같이 노래한다.

소군이 옥안장을 스치고 말에 올라
붉은 뺨에 눈물을 흘리며 우는구나.
오늘은 한나라의 궁녀이지만
내일 아침은 오랑캐의 첩이라네.

전하는 말에 의하면, 왕소군이 장안을 떠나가는 슬픈 마음을 달랠 길 없어, 말 위에 앉은 채 비파로 이별곡을 연주하고 있었는데, 마침 남쪽으로 날아가던 기러기가 아름다운 비파소리를 듣고 말 위에 앉은 왕소군의 미모를 보느라 날개짓 하는 것도 잊고 있다가 그만 땅에 떨어져 버렸다고 한다. 그래서 왕소군을 일명 '낙안落雁'으로 불렀다고 한다.

왕소군이 떠날 때 중원은 따뜻한 봄이었지만 북쪽 변방은 차가운 바람이 불어닥쳤다. 그래서 왕소군은 그때의 심경을 '춘래불사춘春來不似春' 즉 '봄이 와도 봄같지 않구나'라고 표현하였다.

왕소군은 흉노에서 어진 마음으로 그곳 여인들에게 길쌈하는 방법 등을 가르쳤고 한漢나라와의 우호적인 관계 유지에 힘썼다고 한다.

왕소군과 호한야는 아들 한 명을 낳았다. 그러나 호한야는 왕소군과 혼인한 지 2년 만에 사망하였다. 이때 왕소군의 나이 불과 24세였다.

호한야의 본처의 아들인 복주루가 선우의 지위를 계승하였다. 그 당시 흉노의 예법으로는 복주루가 아버지의 후궁까지 그대로 이어받는다. 그래서 왕소군은 복주루에게 재가하여 딸 두 명을 낳았다. 젊은 선우 복주루는 왕소군을 아끼고 사랑하여 부부 간의 금실이 매우 좋았다고 한다. 그러나 복주루는 왕소군과 금실을 맺은 지 11년 만에 사망하였다. 이때 왕소군의 나이 한창인 35세였다.
이후 왕소군은 혼자 생활하였다.

왕소군이 72세의 나이로 병사한 후 그녀의 시신은 대흑하大黑河 남쪽 기슭에 묻혔으며 지금도 그녀의 무덤은 내몽고 후허호트시呼和浩特市 남쪽 9㎞ 지점에 있다. 전하는 말에 의하면 가을에 접어든 이후 북방의 초목이 모두 누렇게 시들어도 오직 왕소군의 무덤만은 그 풀이 푸름을 잃지 않고 있기 때문에 그 무덤을 청총青塚이라 하였다고 한다.

03

마르쿠스 아우렐리우스

로마 제국은 이탈리아 반도에서 일어난 라틴인의 도시 국가로, B.C. 27년 옥타비아누스가 통일하여 제정帝政을 실시한 서양의 고대 최대의 제국이다.

이 로마 제국의 전성시대에 잇달아 군림한 5인의 명군名君을 5현제五賢帝 Five Good Emperors라고 한다. 이 시대에는 제위帝位의 세습을 인정하지 않고, 원로원의원 중 가장 유능한 인물을 황제로 지명하였기 때문에, 훌륭한 황제가 속출하여 이 호칭이 생겼다.

마르쿠스 아우렐리우스Marcus Aurelius Antoninus는 로마 제국의 제16대 황제이자 5현제의 마지막 황제로 스토아stoa 철학자였다.

그는 121년 로마에서 태어났다. 여덟 살 되던 해 아버지를 여의고 할아버지에게 입양되어 당대 최고의 스승들에게서 최고의 교육을 받았다.

그의 할아버지는 세 번이나 집정관consul을 지냈으며, 117년 제위에 오른 하드리아누스^{Hadrianus} 황제와는 인척간이었다.

마르쿠스 아우렐리우스는 어려서부터 하드리아누스 황제를 자주 알현하며 귀염을 받았는데 하드리아누스 황제는 진리에 대한 탐구 정신이 강한 이 소년을 '안니우스 베리시무스_{진리를 가장 좋아하는 안니우스}' 라고 부르며 그의 교육에 관심을 기울였다.

그의 어머니는 원로원의원인 칼비시우스 툴루스의 딸로, 어려서 아버지를 여읜 그의 인생에 큰 영향을 주었다. 그러나 그녀는 156년 약 쉰 살의 나이로 세상을 떠났다.

138년 하드리아누스 황제는 안토니누스 피우스^{Antoninus Pius}를 후계자로 지명하고 그에게 마르쿠스 아우렐리우스를 입양하도록 했다. 하드리아누스 황제가 세상을 떠나 제위에 오른 안토니누스 피우스 황제는 145년 마르쿠스 아우렐리우스를 자기의 딸 파우스티나^{Faustina}와 결혼시켰다. 마르쿠스 아우렐리우스의 아내인 파우스티나는 사실은 정숙하지 못했다고 한다.

마르쿠스 아우렐리우스에게는 몇 명의 딸 외에 아들 삼형제가 있었는데, 그 중 맏이와 막내는 요절하고 콤모두스^{Commodus}가 아버지의 뒤를 이어 제위에 올랐으나 정신 이상의 징후를 보이며 기행을 일삼다가 암살되었다.

146년부터 마르쿠스 아우렐리우스는 스토아 철학자 루스티쿠스^{Rusticus}와 에픽테토스^{Epiktetos}의 영향을 받았다.

스토아 철학은 스토아학파의 철학으로 윤리를 중심 과제로 삼아 욕망을 억제하고 자연의 법도를 따를 것을 주장한다. 스토아학파는 기원전 3세기 초에 제논^{Zenon}이 창시한 그리스 철학의 한 학파로 윤리학을 중시하고 금욕과 극기를 통하여 자연에 순종하는 생활을 이상으로 삼았다.

 161년 안토니누스 피우스 황제가 마르쿠스 아우렐리우스를 후계자로 지명하고 죽자 마르쿠스 아우렐리우스는 황제로 즉위하여 180년까지 로마 제국을 통치한다.

안토니누스 피우스 황제가 세상을 떠나자 사방의 전선에서는 전쟁이 발발했다. 로마 제국의 황금기가 저물어갈 무렵 황제가 된 마르쿠스 아우렐리우스는 전선에서 여러 해를 보내며 격무에 시달리게 된다. 특히 도나우 강 북쪽의 게르만 부족들이 거듭하여 남침했다. 전례 없는 대규모의 침입이었다.

마르쿠스 아우렐리우스는 168년과 170~175년에 친히 북이탈리아와 게르마니아의 전선에 나가 전투를 지휘했다.

175년에는 이집트와 시리아 총독 아비디우스 캇시우스$^{Avidius Cassius}$가 반란을 일으켰으나 실패하고 부하에게 죽임을 당하는데 황후 파우스티나가 그의 애인이자 공모자라는 소문이 파다했다.

마르쿠스 아우렐리우스의 통치 기간에 발생한 또 다른 재앙은 166~167년에 퍼져나간 역병^{疫病}이었다. 로마 시와 그 밖의 도시에서 시체를 나르는 수레들이 줄을 이었다고 한다.

마르쿠스 아우렐리우스는 177년부터는 판노니아^{Pannonia} 오늘날의 헝가리와 게르마니아 전선을 지휘했으며 180년 3월 빈^{Wien} 근처의 진중에서 병사했다.

마르쿠스 아우렐리우스는 명석한 두뇌로 열심히 일한 황제로 평가받으며 오늘날까지도 권력보다 철학을 사랑한 철인^{哲人} 통치자로 존경받고 있다. 다만 그가 친자 콤모두스^{재위기간 180~192년}를 후계자로 지명해서 제위에 오른 콤모두스 황제가 '로마인에게 내려진 가장 극악한 저주'로 불리는 폭군이 되어 때문에 로마가 매우 불행한 시대로 진입한 아쉬움은 떨칠 수 없다.

마르쿠스 아우렐리우스의 『명상록』은 당대의 작가들은 물론 그의 측근들조차 본 적이 없는 저술로서 4세기에 들어서야 알려졌는데 적어도 그 중 일부는 게르마니아 전선에서 썼다.

생애의 마지막 10년 동안 그가 인생과 우주의 본성과 신들에 관하여 틈틈이 그리스 어로 기록해둔 이 책은 일종의 비망록 또는 수상록으로서 '명상록'이란 제목은 후세 사람들이 붙인 것이다.

더 이상 가질 것 없는 로마 제국의 1인자로 생애를 마감한 마르쿠스 아우렐리우스에게는 한평생 다양한 인연이 있었을 것이다. 마르쿠스 아우렐리우스는 『명상록』에서 수많은 사람들 나아가 신들과의 인연까지 밝히고 있다. 여기서는 간단히 추려서 보기로 하자.

*나는 할아버지 덕분에 순하고 착한 마음씨를 갖게 되었다.

*나는 아버지에 대한 평판과 추억 덕분에 겸손과 남자다운 기백을 갖게
되었다.

*나는 어머니 덕분에 경건과 선심과, 나쁜 짓뿐만 아니라 나쁜 생각도 삼
가는 마음과, 나아가 부자들의 생활 태도를 멀리하는 검소한 생활방식
을 갖게 되었다.

*나는 개인교사 덕분에 경주競走에서 녹색 상의도 청색 상의도, 검투 경기
에서 둥근 방패도 긴 방패도 편들지 않고, 또 노고를 참고 견디고, 적은
것으로 만족하고, 내 일은 내가 하고, 남의 일에 끼어들지 않고, 중상모
략에 귀기울이지 않게 되었다.

*신들 덕분에 나는 훌륭한 선조들과, 훌륭한 부모와, 착한 누이와, 훌륭한
스승들과, 훌륭한 가솔들과, 친척들과, 친구들을 거의 다 갖게 되었다.
자연에 맞는 삶이란 것이 실제로 무엇을 의미하는지 내가 되풀이해서
또렷이 머릿속에서 그려보았던 것도 신들의 덕분이다. 내 아내가 그토
록 고분고분하고 곰살궂고 검소한 것도 신들 덕분이다마르쿠스 아우렐리우
스는 아내에 관해서 좋게만 말하고 있다.

중국의 역사서인『후한서』에 기술된 '대진국왕大秦國王 안돈安敦'이 바
로 마르쿠스 아우렐리우스라고 한다.

우연과 필연

1. 우연의 등장

19세기 말 네덜란드의 식물 · 유전학자 더프리스$^{Hugo de Vries}$ $_{1848~1935}$
는 달맞이꽃에서 발견한 유전적 별종에 대해 '돌연변이^{mutation}'라는 용
어를 사용하였다. 그는 보통 달맞이꽃을 재배하다가 유례없이 큰 달
맞이꽃을 발견하였는데 이것의 씨를 받아 재배하니 다음 대에 유전
되어 역시 큰 달맞이꽃을 피웠다.

그 후 미국의 동물 · 유전학자 모건$^{Thomas Hunt Morgan}$ $_{1866~1945}$이 초파리
에서 흰눈의 돌연변이를 발견하였다.

돌연변이란 어버이 계통에는 없던 새로운 형질이 돌연히 자손이
되는 생물체에 나타나 유전하는 일이니 이를 우연변이라고 한다.

우연이란 아무런 인과관계가 없이 뜻하지 않게 일어나는 것이다.

따라서 우연론비결정론은 법칙적 인과관계를 부인하고 세계의 발생 · 질서 · 발전은 궁극적으로 모두 우연에 지배된다는 이론이다.

필연이란 그리 되는 수밖에 다른 도리가 없는 것이다.
따라서 필연론결정론은 자연적 여러 현상이나 역사적 사건들, 특히 사람의 의지는 여러 가지 원인에 의하여 전적으로 규정되는 것이며, 선택의 자유에 의한 것이 아니라는 이론이다.

2. 제멋대로가 법칙을 깨다

17세기 이후 비합리와 우연적인 것을 배척하고 도리 · 이성 · 논리가 일체를 지배한다고 보는 합리주의 내지 이성주의가 보편화되었다. 특히 뉴턴역학Newton力學 즉 자연은 일정한 법칙에 따라 운동한다는 자연관은 모든 것에 적용되어 제반 인간사人間事의 예측이 가능할 것이란 희망을 안겨주었다.

하지만 20세기의 양자역학量子力學은 모든 것이 소립자로 분해되고 이 소립자는 일정한 법칙을 따라 운동하는 것이 아니라 제멋대로 움직인다는 것을 밝혀 내어 모든 것을 예측할 수 있다는 기존의 자연관을 뒤집어엎었다.
바야흐로 필연의 시대는 가고 우연의 시대가 도래한 것이다.

3. 두 연수延壽와 로마 제국

사실 앞서 나온 왕소군과 마르쿠스 아우렐리우스를 연결하면 세상 일은 우연이 얽히고설킨 결과라는 생각이 든다.

* 한나라의 궁중화가인 모연수毛延壽가 왕소군의 초상화를 실물과 다르게 그린 결과 왕소군은 원제의 부름을 받지 않고 궁녀의 신분에 머문다.
* 한나라의 서역도호 감연수甘延壽가 북흉노를 정벌하고 질지골도를 죽이 자, 남흉노의 선우 호한야가 원제를 알현하기 위해 장안으로 온다.
* 공교롭게도 이들 두 '연수延壽'로 말미암아 왕소군은 호한야의 후궁이 되 어 그의 아들을 낳는다.

이상으로 그치지 않는다.

이후 왕소군과 호한야의 아들인 축일왕 계열은 그 세력이 점점 강 성해진 후 모두 서쪽으로 서쪽으로 진출하여 게르만족의 대이동을 야기시켰고, 이로 말미암아 로마 제국은 붕괴한다.

유럽 대륙의 흉노 계열 국가로 알려진 헝가리의 선조가 바로 왕소 군과 호한야의 아들인 축일왕 계열이라고 한다.

그러니 로마 제국의 황금기가 저물어갈 무렵 황제가 된 마르쿠스 아우렐리우스가 전선의 진중에서 병사한 것 또한 한나라의 두 연수延壽 때문이다.

우연을 이야기하다가 논리를 조금 비약한 것이 아닌가 하는 생각이 들지만 사실 헝가리가 다음과 같이 동양적인 요소를 간직하고 있는 것을 보면 위의 논리를 그대로 수긍할 수 있을 것이다.

성명姓名을 사용할 때 성姓과 명名을 어떻게 배치하느냐는 나라에 따라서 차이가 있다.

우리나라, 중국, 일본에서는 가문 이름 즉 성姓을 앞으로 배치하고, 개인 이름 즉 명名은 뒤로 배치한다. 여기에는 전체가 개체에 우선한다는 사상이 담겨 있다.

성(姓)	명(名)
박(朴)	정희(正熙)

유럽에서는 개인 이름 즉 명名을 앞으로 배치하고, 가문 이름 즉 성姓은 뒤로 배치한다. 여기에는 개체가 전체에 우선한다는 사상이 담겨 있다.

명(名)	성(姓)
John	Adams

그러나 헝가리는 유럽에 있으면서도 우리나라, 중국, 일본처럼 성姓을 앞으로 배치하고 명名은 뒤로 배치한다.

4. Chance와 Law

우리가 사는 세상은 가늠할 수 없는 우연한 사건들로 복잡하게 얽히고설켜 있지만 한편으로는 언제 어디서나 일정한 조건하에 성립하는 보편적·필연적인 불변의 관계인 법칙으로 둘러싸여 있다. 수학을 예로 들어 보자.

소수점 아래가 무한정 계속되는 파이π는 다음에 어떤 숫자가 나올지 예측할 수 없다는 점에서 우연이지만, 직각 삼각형의 빗변을 한 변으로 하는 정사각형의 면적은 다른 두 변을 각각 한 변으로 하는 두 개의 정사각형의 면적의 합과 같다는 피타고라스Pythagoras의 정리는 법칙이다.

인간은 우연이라는 'Chance'를 잘 활용해서 행운을 잡을 수 있다. 똑같이 자란 일란성 쌍둥이라도 각자 우연을 어떻게 활용하느냐에 따라 전혀 다른 삶을 전개한다.

또한 인간은 필연이라는 'Law'를 잘 따르면서 안락을 누릴 수 있다. 하늘의 뜻을 따르는 사람은 흥하고 하늘의 뜻을 거스르는 사람은 망하는 게 자연의 이치이다.

사람의 한평생이란 결국 Chance와 Law를 맞이하며 전개하는 파노라마Panorama라고 할 수 있다.

5. 우연과 필연의 이해

앞에서 우연이란 '아무런 인과관계가 없이 뜻하지 않게 일어나는 것'이라고 정의한 바 있다. 이 정의는 사전을 따른 것이다. 그러나 이 정의가 정확한 것은 아니다. 왜냐하면, 예를 들어, 식물의 돌연변이우연변이가 그 지역의 환경 변화로 말미암아 일어날 수 있고, 동물의 돌연변이우연변이가 인위적으로 X선을 쬐서 일어날 수 있기 때문이다. 그렇다면 우연은 인과관계가 없이 제멋대로 일어나는 것이 아니다.

또한 앞에서 필연이란 '그리 되는 수밖에 다른 도리가 없는 것'이라고 정의한 바 있다. 이 정의 역시 사전을 따른 것이다. 그러나 이 정의가 정확한 것은 아니다. 왜냐하면, 예를 들어, 멘델의 법칙Mendel's law은 매우 훌륭한 이론이나 한정적인 상황에서만 성립하고, 뉴턴의 운동법칙Newton's laws of motion은 경험적으로 제한적인 속도 이내에서만 정확하기 때문이다. 그렇다면 필연은 다른 도리가 없이 반드시 일어나는 것이 아니다.

우연론비결정론은 '제멋대로' 즉 없다無는 이론이고, 필연론결정론은 '반드시' 즉 있다有는 이론이다.

그러나 세간의 생生함을 여실히 보면 세간이 없다無고 할 수 없고, 세간의 멸滅함을 여실히 보면 세간이 있다有고 할 수 없다.

따라서 위의 두 이론은 모두 타당하지 않다.

필자는 중도론^{中道論}으로 나아가 무형^{無形}인 공^空 즉 우연과 유형^{有形}인 색^色 즉 필연은 둘 다 변화하는 것으로서 서로 다르지 않다고 본다.

6. 하도와 낙서의 활용

우연과 필연은 동양 전래의 하도^{河圖}와 낙서^洛

^書와 같다. 왜냐하면 우연은 법칙을 극^剋 부정하
니까 낙서와 같고 필연은 법칙을 생^生 인정하니
까 하도와 같기 때문이다.

하도와 낙서는 어우러져 조화 속에서 파동을 이루어 나가는 우주
변화의 두 가지 상반된 모습이다.

그렇다면 우연과 필연을 다 자연스러운 것으로 받아들여야 한다.

생^生과 극^剋을 논할 때 흔히들 생은 좋고 극은 나쁘다고 한다. 왜냐
하면 생은 정^正으로 볼 수 있고, 극은 반^反으로 볼 수 있기 때문이다.

그러나 정과 반의 참모습은 어떠한가? 소우주인 인간에게 정은 혈
액의 순환과 같고, 반은 심장의 박동과 같아서 생중유극^{生中有剋}이요 극
중유생^{剋中有生}이다. 생 가운데 극이 있고 극 가운데 생이 있다. 그래서
소우주인 인간에게 하도의 생과 낙서의 극은 다 필요한 것이다. 나의
주장에 대해 옳다고 찬성하는 사람은 일단 나를 생해주는 사람이지
만 간신일 수 있다. 나의 주장에 대해 그르다고 반대하는 사람은 일
단 나를 극해주는 사람이지만 충신일 수 있다.

우리는 생과 극 어느 하나에 치우쳐서는 안 된다. 극은 생으로 이어지고, 생은 극으로 이어진다. 이러한 이치는 우연과 필연의 경우에도 마찬가지이다. 그러므로 우연과 필연을 분리시켜 필연을 사랑하고 우연을 미워하는 오류를 범하면 안 된다.

우연과 필연은 낙서와 하도처럼 어우러져 조화 속에서 파동을 이루어 나가는 우주 변화의 두 가지 상반된 모습이다.

우리가 사는 세상은 우연과 필연이 인연因緣을 이루어 결과를 맺는다.

모든 사물은 이 인연에 의해 생멸한다. 그 결과 인간사人間事도 이 인연을 따라 변화한다.

✣ 두 사람의 인연

영국의 명문 귀족 청년이 자기가 사는 런던을 떠나 시골로 여행을 갔다. 청년은 시골에서 아름다운 호수를 발견하고 너무 기뻤다. 그러나 청년은 그만 미끄러져 호수에 빠지고 말았다. 청년은 헤엄을 칠 줄 몰라 물 속에서 허우적거렸다. 누가 도와주지 않으면 죽을 수밖에 없었다. 이때 마침 호숫가를 지나던 한 시골 소년이 호수로 뛰어 들어 청년을 구출했다. 청년은 정신이 돌아왔다.

"정말 고맙다."

"뭐, 할 일을 했을 뿐인데요."

이렇게 해서 서로 알게 되었지만 이들은 헤어졌다.

몇 년 후 청년은 이 일을 잊지 못해 시골 소년을 찾아갔다.

"너의 꿈이 뭐니?"

"저는 의사가 되는 게 꿈이에요. 하지만 집안이 가난해서 대학에 갈 수가 없어요."

청년은 런던으로 돌아가 자기 아버지에게 자초지종을 이야기하고는 시골 소년이 의사가 될 수 있는 길을 열어 달라고 부탁했다.

그리하여 시골 소년은 마침내 런던의 의과대학에 입학해서 결국 의사가 되었다.

이 시골 소년이 바로 페니실린을 발명한 알렉산더 플레밍Alexander Fleming 1881~1955이고, 이 청년이 바로 영국 수상이 된 윈스턴 처칠Winston Churchill 1874~1965이다.

1940년, 영국이 독일군의 침공 앞에 놓여 있을 때, 수상이 된 윈스턴 처칠이 중동 지방을 순시하러 갔다가 뜻밖에 폐렴에 걸렸다. 그 당시로서는 폐렴에 대해 그 어떤 치료약도 개발되어 있지 않은 절망적인 상황이었다.

이때 고열에 시달리며 심한 고통 속에서 죽을 줄만 알았던 윈스턴 처칠을 살려낸 사람이 다름 아닌 알렉산더 플레밍이다.

윈스턴 처칠의 도움으로 의사가 된 알렉산더 플레밍은 '기적의 약'인 페니실린을 발명했고 그 페니실린으로 윈스턴 처칠은 살아날 수 있었다.

한편의 동화 같은 이 이야기는 실제 있었던 일화이다.

두 사람의 인연은 20세기에서 가장 아름다운 인연의 하나로 꼽힌다.

4

인생이란 무엇인가

01. 화담이 던지는 화두
02. 나옹의 누님이 읊은 선시
03. 싯다르타의 깨달음

화담이 던지는 화두

화담花潭 서경덕徐敬德은 가난한 집안에서 태어났다. 어렸을 때 부모가 나물을 캐오게 하였는데 화담은 매일 늦게 들어오는데도 광주리는 텅 비어 있었다. 부모가 이상하게 여겨 이유를 물으니 화담은 "들에서 나물을 캐고 있을 때 종달새가 나는 것을 우연히 보았습니다. 첫날은 땅에서 한 치쯤 떠올랐던 새가 다음 날에는 두 치쯤 떠오르고 또 그 다음 날에는 세 치쯤 떠오르다가 점차 하늘로 날아올랐습니다. 저는 그 이치를 생각하느라 나물은 캐지 못하고 늦게 돌아오게 되었습니다"라고 대답하였다.

열여덟 살 때에는 『대학大學』을 읽다가 격물치지格物致知 사물의 선후를 분명히 파악하여 지혜를 이루는 것의 대목에서 크게 깨달은 바 있었다. 그래서 예를 들어 하늘의 이치를 알고자 하면 '하늘 천天'을 벽에 써 놓고 연구하다가 이미 궁리한 뒤에는 다른 글자를 써서 연구하였다. 이런 식으로 모르는 사물의 이름들을 벽에다 써 붙여 놓고 밤낮으로 고요히 앉아 원리를 깨달을 때까지 사색하였다. 그 이치를 궁리하는 자세는 도저히 다른 사람들이 따를 수 있는 경지가 아니었고, 이렇게 여러 해가 지나자 모든 이치에 환하게 밝아졌다.

화담은 풍류를 즐길 줄 알아서 천하를 두루 유람하였고, 산수가 아름다운 곳에 이르면 문득 일어나 춤을 추었다.

화담이 젊었을 때 금강산에 놀러 간 일이 있었다. 도중에 고성高城 태수를 만났다. 태수가 "산 구경을 하니, 어디가 가장 장관이었소?" 하고 물었다. 이에 화담이 "불정대佛頂臺에 올라가 해돋이를 본 것이 가장 장관이었습니다"라고 대답하니, 태수는 또 "그것이 어떻습니까?" 하고 물었다. 화담이 다시 "새벽이 되어 절정絶頂에서 만리를 내려다보니, 구름과 안개는 자욱하고 하늘과 바다는 한 데 붙어 뒤범벅이 되어 분별이 없는 듯 하였습니다. 갑자기 밝은 기운이 점점 열리고, 상하 사방이 걷혀 올라가기 시작하자, 가볍고 맑은 것은 하늘이 되고, 무겁고 흐린 것은 땅이 되는 듯 하더니, 건곤乾坤이 정하여 지고 만상이 나뉘어 졌습니다. 조금 있다가 오색 구름이 바다를 뒤덮고, 붉은 기운이 하늘에 치솟았으며, 물결은 겹겹이 늠실거리고, 둥근 해를 치받쳐 올리니, 바다 빛이 밝아지고 구름 기운이 흩어졌습니다. 상서로운 햇빛이 가득하니 눈이 부서 볼 수 없고, 점점 높아져서 우주가 광명하고, 먼 봉우리와 가까운 산부리가 비단같이 얽히고 실처럼 나뉘어져서, 붓으로 그릴 수 없고 입으로 형용하여 말할 수 없었습니다. 이것이 제일 장관이었습니다"라고 대답하였다.

화담은 해돋이를 가지고 우주 생성의 원리를 설파하고 있다.

화담은 우주 공간에 충만하게 있는 기氣를 형이상학적인 대상으로 삼고, 그 기의 본질을 태허太虛라고 하였는 바, "기의 본질인 태허는 맑고 형체가 없는 것으로 선천先天이라 한다. 그 크기는 한정이 없고 그에 앞서서 아무런 시초도 없으며, 그 유래는 추궁할 수도 없다. 맑게 비어 있고 고요하여 움직임이 없는 것이 기의 근원이다. 널리 가득 차 한계의 멀고 가까움이 없으며, 꽉 차 있어 비거나 빠진 데가 없으니 한 호리毫釐의 용납될 틈이 없다. 그렇지만 오히려 실재實在하니, 이것을 '무無'라 할 수는 없는 것이다"라고 하였다.

『홍길동전』의 저자로 유명한 허균의 부친인 허엽은 화담의 제자인데, 7월에 선생님을 찾아갔다. 그러나 장마에 물이 불어 개울을 건널 수가 없어서 날이 저물고 물이 조금 줄자 겨우 건너 가니 선생님은 거문고를 타며 시를 읊고 계셨다. 허엽이 저녁밥을 짓고자 하니 화담은 "나도 아직 먹지 않았으니 내 몫까지 함께 짓도록 하게" 하였다. 이에 부엌에 들어가 보니 솥 안에 이끼가 가득 차 있었다. 허엽이 이상히 여겨 그 연유를 물으니 화담은 "물이 막혀 6일 동안 집사람이 오지 못해서 식사를 못하였네. 그래서 솥에 이끼가 끼었을 것이네"라고 하였다. 허엽이 화담의 얼굴을 바라보니 조금도 굶주린 기색이 없었다.

화담은 유불선 삼교에 통달하였으며, 특히 주역을 바탕으로 한 상수학象數學에 능통하였다.

그런데 화담이 아래의 시를 가지고 우리에게 화두話頭를 던진다.

사물은 오고 또 와도 다 온 것이 아니니	有物來來不盡來
다 왔다 싶지만 또 다시 온다	來纔盡處又從來
오고 오는 것은 본시 처음이 없는 데서 오는 것이니	來來本自來無始
묻노라 그대 어디서부터 왔는가	爲問君從何所來

만물이 돌아가고 돌아가도 다 돌아가는 것이 아니니	有物歸歸不盡歸
돌아갔다 싶지만 다 돌아간 것 아니다	歸纔盡處未曾歸
돌아가도 돌아가도 다 돌아가지 못하니	歸歸到底歸無了
묻노라 그대 어디로 그리 돌아가는고	爲問君從何所歸

그러나 화두에 대한 답은 이미 시에 이미 담겨 있다. 왜냐하면 '그대 어디서부터 왔는가'라고 묻지만 '본시 처음이 없는 데서 오는 것'이라 하고, '그대 어디로 그리 돌아가는고'라고 묻지만, '다 돌아가지 못하니'라 하니 결국 래來와 귀歸가 '∞'와 같기 때문이다. '∞'는 무한無限하여 시공時空을 초월한다. 따라서 삶과 죽음은 '∞'의 한 모습일 따름이다.

02

나옹의 누님이 읊은 선시

고려 공민왕 때 왕사^{王師}를 지낸 나옹화상^{懶翁和尙}의 누님이 동생의 법문을 듣고 깨우쳐 읊었다는 '부운^{浮雲 뜬구름}'이란 선시^{禪詩}는 삶과 죽음을 한 조각 구름이 피어난 것과 사라진 것에 비유했다.

빈손으로 왔다가	空手來
빈손으로 가는 것	空手去
이것이 인생이다	是人生

삶은 어디로부터 오며	生從何處來
죽음은 어디를 향해 가는가	死向何處去
삶이란 한 조각 구름이 피어난 것	生也一片浮雲起
죽음이란 한 조각 구름이 사라진 것	死也一片浮雲滅
뜬구름 자체는 본래 실다움 없는 것	浮雲自體本無實
삶과 죽음 오고 감도 이 같으리니	生死去來亦如然

여기 한 물건이 항상 홀로 있어	獨有一物常獨露
담연히 생사를 따르지 않는다네	澹然不隨於生死

　나옹은 20세 때 이웃 친구의 죽음을 보고 "사람이 죽으면 어디로 가느냐"고 물었으나 아무도 답하는 이 없어 마침내 출가하여 문경閩慶 대승사大乘寺에서 용맹정진 끝에 득도하였다. 그 후 그는 중국 각지를 편력하며, 달마達磨로부터 내려오는 중국선禪의 영향을 받았다.

　　　　　나옹의 누님은 이 선의 경지에서 삶과 죽음이 다 실다움 없는 것이라고 노래하였다. 위의 선시는 결코 인생의 허무함을 노래한 것이 아니다. 사람이 오고 가는 것, 즉 삶과 죽음이 삼라만상의 변화에서 비롯된 매우 자연스러운 현상이라는 것이다.

　사실 삼라만상森羅萬象은 고정된 모습을 갖고 있지 않다. 현재의 겉모습은 가변적인 요소들의 일시적인 화합으로 연출된 환상 내지 허상에 불과하다. 거울 속에 비친 나이 든 자신의 모습을 보라. 이처럼 자신을 비롯한 일체의 삼라만상이 환상 내지 허상이라면 실상이란 어떤 것인가?

　장자莊子 또한 호접몽胡蝶夢을 통하여 꿈과 현실, 허상과 실상에 대한 의문을 던진다.

　우리는 허虛와 실實이 서로 분별과 대립의 관계를 이루고 있다고 보기 쉽다. 그러나 절대적인 진리란 모든 것을 포용해야 하므로 허허실실虛虛實實 그 자체가 바로 진리가 되어야 한다.

누구든 깨달음을 얻기 전에는 분별과 대립의 관계에 선다.

불교에서는 사람을 지地·수水·화火·풍風의 일시적인 화합으로 연출된 가아假我의 존재로 보고, 이러한 거짓 나를 실다운 나로 착각하면 외부의 경계 또한 실다운 것으로 착각하여 온갖 분별과 망상, 나아가 집착에 휩싸인 삶을 살게 된다고 말한다. 하지만 이러한 착각을 벗어난 경지에 이르면 착각에서 비롯된 환상 자체가 없기 때문에 따로 실상을 논의하지도 않으며, 삼라만상 시시각각의 모습이 바로 진리 그 자체가 된다고 말한다. 서산대사西山大師를 예로 들어 보자.

서산은 조선 중종 15년에 태어났다. 태어나기 전에 어머니인 한남 김씨가 묘향산 쪽으로부터 흰 학이 구름 사이를 뚫고 날아와서 품 안에 안기는 태몽을 꾸었다. 다시 잠이 들었는데 꿈에 어떤 노파가 나타나서 절을 하면서 말하였다. "부인께서는 천하대장부를 낳을 것입니다. 그래서 이렇게 찾아 뵙고 축하드리는 것입니다." 아버지인 최세창은 아이의 이름을 틀림없이 훌륭한 인물이 될 것으로 믿고, '너를 믿는다'라는 뜻으로 '여신汝信'이라고 불렀다. 여신이 세 살이 되던 해 사월 초파일 부처님 오신 날 낮에 최세창이 비몽사몽간에 꿈을 꾸었다. "애기스님小沙門·小沙門을 뵙기 위해서 찾아 왔습니다. 애기스님의 이름을 운학雲鶴이라 하십시오." 최세창이 물었다. "운학雲鶴이란 뜻이 무엇입니까"? "애기스님은 한평생을 살아감에 구름과 같이 떠도는 운수납자雲水衲子와 같고, 추구하는 정신세계가 고고하고 뛰어나서 군계일학群鷄一鶴과 같기 때문이오"라고 대답하고는 사라졌다. 그 후 '여신'이란 이름 대신에 '운학'이라 부르기도 하고 '애기스님'이라고도 불렀다.

운학의 나이 아홉 살이 되던 해에 어머니가 세상을 떠나버렸다. 운학이 열 살이 되던 이듬해에는 아버지 최세창 마저 세상을 떠나고 말았다. 그 후 이러저러한 인연으로 지리산에서 큰스님을 모시고 공부를 하였다. 어느 날, 냇가에서 물을 길러 지게에 지고 절로 돌아오는 길에 멀리 구름에 쌓인 산들을 바라보다가 문득 깨달은 바가 있어 그 심경을 시로 읊었다.

물을 길어 절로 돌아오다 문득 머리를 돌리니　　　汲水歸來忽回首

푸른 산이 흰 구름 속에 있네　　　　　　　　　青山無數白雲中

운학은 진리의 세계가 먼 곳에 있는 것이 아니라 현실세계에 있음을 느꼈다. 다음 날 아침에 스스로 삭도를 들고 머리를 깎아 휴정休靜으로 새로 태어났다. 출가 후 휴정의 공부가 무르익고 있었다. 그러던 어느 날 같이 수행했던 도반道伴을 찾아나섰는데 전라북도 남원을 지나 성촌 마을 앞에서 문득 한낮에 우는 닭 울음소리를 듣고는 칠흑처럼 캄캄한 마음의 의혹을 깨부수고 활연대오하는 큰 깨달음을 얻었다. 휴정은 이 깨달음의 경지를 시로 읊었다.

문득 깨달음을 얻어 내 집에 이르니　　　　　忽得自家底

온 세상의 사물들이 그대로 진리의 세계로다 　　　頭頭只此爾

　서산은 분별과 대립을 벗어나 허허실실 그 자체가 바로 진리이며 삼라만상 시시각각의 모습이 바로 진리 그 자체가 된다고 보았다.

　나옹의 누님은 삶과 죽음이 다 실다움 없는 것이라고 노래하였다. 하지만 '실다움 없는 것'의 의미는 '허무함'이 아니라 '망상妄想 delusion 에서 비롯한 것'이란 뜻이다. 따라서 나옹의 누님은 삶과 죽음이 별 개가 아니라고 노래하였다. 좀 더 쉽게 이야기하면 삶과 죽음이란 우 리가 머릿속에서 만들어낸 것이며 우리의 본래 모습은 영원하다는 것이다.

03

싯다르타의 깨달음

석가모니란 석가족族 출신의 성자라는 뜻이다. 본래의 성은 고타마 Gautama 瞿曇, 이름은 싯다르타 Siddhārtha 悉達多인데, 후에 깨달음을 얻어 붓다 Buddha 佛陀라 불리게 되었다. 여기에서는 싯다르타 고타마를 줄여서 '싯다르타'로 부르기로 하자.

현재의 네팔 남부와 인도의 국경부근인 히말라야산 기슭의 카필라 성 Kapilavastu 迦毘羅城을 중심으로 샤키야족釋迦族의 작은 나라가 있었다. 싯다르타는 그 나라의 왕 슈도다나 정반왕:淨飯王와 마야摩耶 부인 사이에서 태어났다.

싯다르타의 탄생은 태몽에 관한 이야기로부터 시작된다. 어머니인 마야 부인은 석가모니를 낳기 전 아름답고 은처럼 하얀 코끼리가 그녀의 옆구리로 들어오는 꿈을 꾸었다. 마야 부인은 출산이 가까워짐에 따라 당시의 습속대로 친정에 가서 해산하기 위해 고향으로 가던 도중 늦은 봄 화창한 날씨에 카필라와 콜리의 경계에 이르렀다.

저 멀리 히말라야의 봉우리들이 흰 눈을 이고 우뚝우뚝 장엄하게 솟아 있는 모습이 보였고, 가까이에는 평화로운 룸비니 동산이 있었다. 동산에는 이름 모를 꽃들이 다투어 피고, 뭇 새들은 일행을 축복하는 듯 지저귀며 날았다. 룸비니 동산의 아름다움에 도취된 일행은 그 곳에서 잠시 쉬어 가기로 했다. 마침 가까운 곳에 무우수無憂樹 꽃이 활짝 피어 아름다운 향기를 뿜고 있었다. 왕비가 아름다운 꽃가지를 만지려고 오른 손을 뻗쳤다. 그 순간 갑자기 산기를 느꼈다. 일행은 곧 나무 아래에 휘장을 쳐 산실을 마련했다. 이때 태어난 왕자가 뒷날 임금의 자리를 버리고 출가 수행하여 부처가 된 후 무수한 중생을 교화한 싯다르타이다.

전설에 따르면 싯다르타가 태어났을 때, 히말라야산에서 아시타라는 선인仙人이 찾아와 왕자의 상호相好를 보고, "집에 있어 왕위  를 계승하면 전 세계를 통일하는 전륜성왕轉輪聖王이 될 것이며, 만약 출가하면 반드시 붓다가 될 것이다"라고 예언했다 한다.

싯다르타가 태어난 후 7일만에 어머니인 마야왕비가 돌아가셨다. 그래서 그는 이모의 보살핌을 받으면서 자라났다. 싯다르타는 어릴 적 아버지를 따라 어느 농촌에 갔다가 새가 벌레를 잡아먹는 것을 보고는 매우 놀랐다. 그래서 왜 저렇게 먹고 먹히는 걸까 하고 궁금해 했다. 이를 걱정한 아버지인 정반왕은 혹시 예언가의 말대로 아들이 수행자로 나서는 게 아닌가 걱정이 되어 싯다르타가 온갖 좋은 옷과 화려한 궁궐생활로 만족할 수 있도록 해주었다.

청년이 된 싯다르타는 어느 날 동서남북 네 성문 밖으로 나가 보았다. 동쪽 성문 밖에서는 늙은 노인을, 남쪽 성문 밖에서는 병든 환자를, 서쪽 성문 밖에서는 죽은 사람의 장례행렬을 보았다. 마지막으로 북쪽 성문 밖에서는 얼굴이 맑은 수행자의 모습을 보았다.

정반왕은 싯다르타가 16세 되던 해에 그를 야쇼다라^{耶輸陀羅}라는 아름다운 신부와 결혼을 시켰다. 그래서 싯다르타는 라홀라^{羅睺羅}라는 아들을 낳았다.

싯다르타가 29세 되던 해에 그는 성을 나와 수행자의 길을 걸었다. 온갖 어려움을 극복하고 마침내 35살이 되었을 때 보리수나무 아래서 새벽별을 보고 깨달음을 얻었다. 이 깨달음을 정각^{正覺} abhisambodhi 이라고 한다.

그러면 정각^{正覺}abhisambodhi의 내용이 무엇일까?

그것은 연기^{緣起}이다. 연기^{緣起}란 모든 현상은 무수한 원인과 조건이 서로 관계해서 성립되어 있는 것으로, 영원한 개체^{個體} individual 즉 불변하는 본래의 고정된 모습인 '나^我'란 실체는 존재하지 않는다는 도리이다.

그 깨달음의 내용에 대하여 『아함경^{阿含經}』에는 여러 가지의 설명이 나온다. 그러나 기본적으로는 선정에 의하여 법^法 dharma을 깨달았다고 하겠다. 선정은 강렬한 마음의 집중이며, 여기에서 생긴 지혜는 신비적 직관^{直觀}이 아니라 자유로운 여실지견^{如實知見} 즉 있는 그대로 옳게 봄이다.

석가모니는 성도成道 후 5주 간을 보리수 아래에서 해탈의 기쁨에 잠겨 있었는데, 범천梵天의 간절한 권청勸請이 있어 설법·교화를 결심하였다.

혹서酷暑의 중부인도印度 각지를 45년의 긴 세월에 걸쳐 설법·교화를 계속한 석가모니는, 80세의 고령에 이르렀다. 여러 차례의 중병에도 불구하고 설법·교화여행을 계속하였다. 이때 자신의 죽음을 예견하고 여러 가지 유언을 하였다. "자신을 등불로 삼고 자신을 귀의처로 하라. 법을 등불로 삼고 법을 귀의처로 하여 수행하라"또한 자기가 죽은 뒤에 "교주教主의 말은 끝났다, 우리의 교주는 없다고 생각하여서는 아니 된다. 내가 설한 교법教法과 계율이 내가 죽은 후 너희들의 스승이 될 것이다"등이 그것이다. 마침내 쿠시나가라Kusinagara의 숲에 이르렀을 때, 석가모니는 심한 식중독을 일으켜 쇠진하였다. "나는 피로하구나. 이 두 사라수沙羅樹 사이에 머리가 북쪽으로 향하게 자리를 깔도록 하라"고 말하자, 제자들은 석가모니의 운명이 가까웠음을 알고 눈물을 흘렸다. 석가모니는 "슬퍼하지 마라. 내가 언제나 말하지 않았느냐. 사랑하는 모든 것은 곧 헤어지지 않으면 아니 되느니라. 제자들이여, 그대들에게 말하리라. 제행諸行은 필히 멸하여 없어지는 무상법無常法이니라. 그대들은 중단없이 정진하라. 이것이 나의 마지막 말이니라"고 설한 후 눈을 감았다.

불교의 『반야심경』에서 말하는 '색즉시공 공즉시색色即是空 空即是色'의 의미는 색色인 유형有形은 공空인 무형無形과 서로 다르지 않다는 것이다. 의문이 생길 수 있지만 이것이 바로 진리다. 생각해보라. 모든 물체는 분자 → 원자 → 원자핵 → 소립자로 분해되므로 결국 소립자의 뭉치와 다르지 않다. 그런데 그 소립자는 신비스런 형태로 충돌을 거듭하며 나타남과 사라짐을 반복하니 나타날 때는 색色이고 사라질 때는 공空이다. 유형에서 무형으로, 그리고 무형에서 유형으로 변화를 되풀이하여 '색즉시공 공즉시색色卽是空 空卽是色'을 이룬다. 인간의 육체 또한 이와 다르지 않다.

삼라만상은 이처럼 항상 변화하고 있으며, 불변하는 본래의 고정된 모습인 '나我'란 실체는 존재하지 않는다. 그래서 사람의 한평생이란 결국 불변하는 본래의 고정된 모습인 '나我'를 꿈꾸는 사람에게는 한낱 덧없는 꿈에 불과하지만, 개체사상을 벗어나 불이不二의 경지에 이른 사람에게는 불생불멸不生不滅 그 자체인 것이다.

5
사람의 수명

성경

성경에 나타난 인물 중 가장 오래 산 사람 은 므두셀라^{Methuselah}이다. 그는 969세를 살았 다. 므두셀라는 아담과 하와의 셋째 아들인 셋의 후손으로, 에녹_{셋의 제6대 손}의 아들이며, 노아의 조부이다.

Methuselah는 '창을 던지는 사람'이라는 뜻이다.

성경에 따르면 인류의 시조인 아담과 하와는 에덴동산^{Garden of Eden} 에서 살았다. 에덴동산은 낙원^{paradise}이다. 그곳에는, 중앙의 생명나무 와 선악과^{善惡果}나무를 중심으로 각종 나무가 울창하고, 들에는 짐승 이 뛰어놀고, 하늘에는 새가 날았다. 여기에서 강이 발원하여 4개 지 류를 이루었다. 하나님은 아담과 하와에게 선악과만은 따 먹지 말라고 명하였다. 그러나 하와가 그만 사탄의 꼬임에 넘어가 이를 어기고 나아가 아담까지 이를 어기게 만들었다. 두 사람은 금단禁斷의 열매인 선악과를 따 먹은 원죄原罪 때문에 그곳으로부터 쫓겨났다.

선악과란 무엇인가? 생각하건대 이는 이것과 저것, 시是와 비非, 선善과 악惡을 가리는 이분법적 의식 상태 즉 분별지分別智를 가리킨다고 볼 수 있다. 이 분별지가 생生과 사死를 갈라놓는다.

혼돈混沌

『장자莊子』에 다음과 같은 이야기가 나온다.

남쪽 바다의 임금을 숙이라 하고, 북쪽 바다의 임금을 홀이라 하며, 그 중앙의 임금을 혼돈混沌이라 하였다. 숙과 홀이 때때로 혼돈의 땅에서 만났는데, 혼돈은 그때마다 그들을 극진히 대접하였다. 숙과 홀은 혼돈의 은덕을 갚을 길이 없을까 의논하였다.

"사람에게는 모두 일곱 구멍이 있어, 보고, 듣고, 먹고, 숨쉬는데, 오직 혼돈에게만 이런 구멍이 없으니 구멍을 뚫어 주자"고 하였다.

하루에 한 구멍씩 뚫어 주었는데, 이레가 되자 혼돈은 죽고 말았다.

숙은 남쪽 바다의 임금으로 뜨거운 불火이고, 홀은 북쪽 바다의 임금으로 차가운 물*이다. 중앙의 혼돈은 뜨거운 불과 차가운 물이 생기기 전의 조화로운 '하나' 즉 'the One'이다. 사주학에서는 이 중앙의 혼돈을 토±라고 한다.

혼돈에 구멍이 생기는 것은 원초적 비이분법적 의식 상태가 이분법적 의식 상태로 변하여 전일성全一性이 죽어 버리는 것이다.

사람이 선악과를 따 먹으면 혼돈에 구멍이 생기는 것과 같다.

아담과 하와의 후손인 인류가 선조가 살던 낙원으로 되돌아가려면 어떻게 해야 할까?

분별지를 떠나 본래의 순일성Primordial Simplicity을 회복해야 한다.

수명의 변화

아담과 하와는 카인, 아벨, 셋을 낳았다.

아담과 하와의 제8대 손인 므두셀라가 살던 당시에는 900세 이상 생존한 사람들이 많았다.

므두셀라는 187세에 라멕을 생산한 후 오랜 기간 자녀를 낳다가 죽었다.

그의 첫 생산 나이로 미루어 짐작하건대 당시 연령 계산 방식이 지금과 다르지 않을까 생각할 수 있다. 그러나 창조과학회나 고고학을 연구한 성서학자들에 의하면 므두셀라가 살던 당시에는 식생활이 채

식이었고 높고 푸른 하늘 즉 궁창에 물층이 있어서 자외선의 피해를 막아 장수가 가능하였다고 한다.

므두셀라의 손자인 노아 때 이르러 인간세상이 부패와 타락의 도가니가 되었다. 이에 하나님은 인간세상에 대홍수를 내려 인류를 멸망시켰다. 하지만 하나님은 노아와 그의 가족들과 준비된 동물들만 방주에 올라 구원받도록 하였다. 그래서 다시 인류가 번성하였다. 그러나 노아 때의 홍수심판으로 말미암아 하나님이 창조한 지구의 환경이 변형되어 사람은 허약해졌다. 하나님은 이를 대비하여 홍수 후에 육식을 허락하였으나 사람의 수명은 급격히 줄어들었다. 성경에는 사람의 수명이 120세로 나온다(창세기 6장 3절).

동방삭과 진시황

『한서漢書』의 〈동방삭전東方朔傳〉에 삼천갑자동방삭三千甲子東方朔이 나온다. 삼천갑자동방삭이란 삼천갑자(3,000×60년) 즉 18만 년이나 오래 산 동방삭이라는 뜻으로 장수한 사람을 이르는 말이다.

한漢나라 무제武帝가 인재를 구한다고 천하에 공포하였다. 이에 제齊나라 사람인 동방삭이 대나무 한 짐에 글을 써서 무제에게 올렸다. 무제가 이를 읽는 데 두 달이나 걸렸다. 동방삭의 글은 필치가 당당하였다.

동방삭은 재치가 있고 변설과 해학에 뛰어나서 무제의 총애를 받았다. 그러나 그는 총애를 잃을까 두려워하지 않고 무제의 사치나 그릇된 정책에 대하여 간언하였다.

세간에 전하여 내려오는 이야기로는 그가 서왕모徐王母의 복숭아를 훔쳐 먹고 장수하였다 하여 그를 '삼천갑자동방삭'으로 불렀다고 한다. 서왕모는 『산해경山海經』에 따르면 서방의 쿤룬산에 사는 사람의 얼굴에 호랑이의 이빨과 표범의 털을 가진 신인神人이라고 하나 일반적으로는 불사약을 가진 선녀라고 전해진다.

동방삭이 18만 년을 살았다는 것은 이야기에 불과하다. 왜냐하면 그의 생몰년이 B.C. 154~B.C. 93으로 알려져 있기 때문이다.

중국 최초의 중앙집권적 통일제국인 진秦나라를 세운 전제군주인 진시황秦始皇 B.C. 259~B.C. 210은 스스로를 '시황제始皇帝'라 칭하며 불로장생의 선약을 구하기까지 하였으나 50세에 죽었다.

토마스 파

인류 역사상 실제로 가장 오래 산 사람은 영국인 토마스 파Thomas Parr 1438~1589라고 알려져 있다. 152세까지 장수한 그는 155cm의 키

에 몸무게가 53kg인 단구이었다고 한다.

80세에 처음 결혼하여 이후 1남1녀를 두었고 122세에 재혼까지 하였다. 그의 장수에 대한 소문이 파다하자 당시 영국 국왕이었던 찰스 1세가 그를 왕궁으로 초대하여 생일을 축하해 주었는데 그때의 과식이 원인이 되어 2개월 후 사망하였다고 한다.

당시 왕궁에서는 당대의 유명한 화가 루벤스에게 그의 초상화를 그리게 하였는데 이 그림이 바로 유명한 위스키 'Old Parr'의 브랜드가 되어 그의 모습이 오늘날까지 전해 내려오고 있다.

한계 수명

사람의 수명이 얼마나 되는가 하는 논의는 예로부터 있어 왔다. 노화를 연구하는 학자들은 노화의 원인을 명확히 규명하기 전에는 사람의 한계 수명이 125세 정도라고 보는 것 같다.

요즈음은 '인생칠십은 예로부터 매우 드물다'는 '인생칠십 고래희人生七十 古來稀'는 옛말이고 '인생은 25세까지가 봄, 50세까지가 여름, 75세까지가 가을, 100세까지가 겨울이다'라는 '인생백년 사계절四季節'이라는 신조어新造語가 등장하였다.

우리 선현들은 인간도 하나의 소행성이라고 인식하고, 사주학의 많은 이론들을 천문학에 근거를 두고 발전시켜왔다. 인간도 지구와 마찬가지로 태양계에서 태어나 태양 주위를 맴돌다 사라지는 하나의 소행성이다.

태양을 중심으로 움직이는 모든 천체는 태양과 상호간의 만유인력으로 인해 궤도 이탈 없이 유지된다. 달은 지구의 위성으로 지구 주위를 공전하면서 자전하고, 지구는 태양 주위를 공전하면서 자전한다. 지구의 자전축은 약간 기울어져 있다. 이렇게 지구의 자전축이 기울어 자전하면서 태양 주위를 공전하는 동시작용으로 인해 계절의 변화가 생긴다.

사주학은 한 사람의 운의 흐름이 봄30년 · 여름30년 · 가을30년 · 겨울30년의 사계절120년로 이어진다고 본다. 그 결과 인생은 30세까지가 봄, 60세까지가 여름, 90세까지가 가을, 120세까지가 겨울이다.

노년 생활

사람의 수명이 계속해서 늘어나도 인생은 유한하여 어느 누구나 죽음을 면할 수 없다. 그러나 옛날처럼 너무 일찍 죽는 것은 바람직스럽지 못하다. 예를 들어 이조李朝 역대 왕들의 평균수명이

47세라니 이는 정말 애석한 일이 아닌가. 그렇다고 너무 오래 살아서 사람 구실을 못하는 것은 문제이다. 하지만 장수, 좀 더 오래 사는 것, 이것은 인류의 희망이다. 다행히 사람의 수명이 늘어나는 추세이므로 우리는 아름다운 노년 생활을 준비해야 하겠다.

유대계 미국 시인인 사무엘 울만Samuel Ullman은 일찍이 그의 시 「청춘Youth」에서 '청춘이란 인생의 어느 한 시기가 아니라 마음의 한 상태이다.Youth is not a time of life - it is a state of mind라고 노래하였다.

프랑스의 잔 칼망Calment 1875~1997 할머니는 122년 164일을 살고 갔다. 이 할머니는 대대로 장수하는 부유한 상인 가문에 태어나 85세에 펜싱을 배우고 100세까지 자전거를 타다가 110세에 요양원에 들어갔다. 21세부터 117세까지 하루 두 대씩 꾸준히 담배를 피운 애연가이기도 하다.

청춘은 덧없는 육체의 젊음에서 잠시 동안 얻어지는 형이하학적 욕망의 불꽃이 아니라 이상을 추구하는 정열로 쟁취할 수 있는 형이상학적 이데아의 아름다움이다.

수명과 사상

해동공자海東孔子로 칭송되는 고려 시대의 최충崔沖 984~1068은 자기 혼자만 즐길 뿐 이를 남에게 전할 수 없
는 경지를 다음과 같은 기승전결起承轉
結의 한시漢詩로 그려 내고 있다.

　뜰에 가득한 달빛은 연기 없는 촛불이요

　들어와 앉은 산빛은 부르지 않은 손님이네

　거기에 솔거문고가 악보 밖을 연주하니

　다만 혼자 즐길 뿐 남에게는 전할 수 없네

　만정월색무연촉　　滿庭月色無烟燭

　입좌산광불소빈　　入座山光不召賓

　갱유송현탄보외　　更有松絃彈譜外

　지감진중미전인　　只堪珍重未傳人

　기승전결起承轉結이란 시문詩文을 짓는 격식으로 시의 첫머리를 기起,
이를 되받는 것을 승承, 중간에 뜻을 한 번 바꾸는 것을 전轉, 전편全編
을 거두어서 맺음을 결結이라 한다.

　그러니 위의 한시의 결은 '다만 혼자 즐길 뿐 남에게는 전할 수 없
네'로서 스스로 체득하여 누릴 수 있는 경지이지 배워서 알 수 있는
대상이 아니라는 이야기이다.

　최충은 뜰에 가득한 달빛과 자리에까지 찾아든 산빛 그리고 소나
무에 이는 바람소리를 즐기며 현재의 심경을 무어라고 표현할 수 없

음을 아쉬워하고 있다.

석가모니는 깨달음을 이루고 혼자서 그 즐거움을 누리다가 드디어 설법을 행하였다.

어느 날 법을 설하다가 갑자기 연꽃을 들어 대중에게 보였다. 진리의 참모습은 언어나 문자로 다 표현할 수 없으니 뜻있는 사람은 언어나 문자를 떠나서 스스로 깨달아야 한다는 별도의 가르침이었다.

최충이 불교와 어느 정도로 인연을 맺었는지 모르겠으나 그의 한 시에 나타난 '미전인未傳人'은 불교의 '불가설不可說 참된 이치는 체득할 뿐이지 언어나 문자로는 설명할 수 없음'과 통한다. 그러면 도대체 어떠한 경지를 '미전인未傳人'이라 표현하고 '불가설不可說'이라 이르는가?

이 경지를 깨닫기 위하여 우리는 인도 우파니샤드Upanisad의 중심 사상인 '범아일여梵我一如'를 새길 필요가 있다. 범아일여梵我一如란 우주의 중심 생명인 범梵과 개체의 중심 생명인 아我의 본바탕이 궁극적으로는 동일하다는 사상이다. 그러면 범梵과 아我의 '본바탕'이란 무엇인가? 이를 '불성佛性' 또는 '성령聖靈'이란 추상적인 용어로 표현하는 것보다 '에너지energy'란 구체적인 용어로 표현하는 것이 좋겠다. 현대인은 에너지energy 보존 법칙 내지 에너지energy 불멸의 법칙을 잘 알고 있다.

에너지energy는 시시각각 형상形相을 달리 하며 삼라만상森羅萬象을 이루어 다양한 모습을 펼친다.

맑게 갠 새파란 하늘과 거기 떠다니는 한 조각 흰 구름 그리고 지구를 무대로 꿈을 펼치는 인간 등 어느 것 하나 에너지^{energy} 아닌 것이 없다. 개체의 형상은 에너지^{energy}의 파동波動으로 바다의 물결과 같다. 바다와 물결은 본바탕이 다르지 않다. 따라서 사람이 죽어도 형상은 바뀌지만 본바탕은 바뀌지 않아 생명 에너지^{energy} 그 자체인 의식체로 존재한다.

수명은 결국 사상에 따라 달라진다. 생명이 있는 것은 반드시 죽는다는 생자필멸生者必滅의 사상을 지닌 사람의 수명은 초로草露 풀잎에 맺힌 이슬와 같다. 하지만 범아일여梵我一如의 불이不二 사상을 지닌 사람의 수명은 불생불멸不生不滅 그 자체인 것이다.

6
우리가 죽으면
어디로 가나

01. 소동파의 적벽부
02. 성철 스님의 법어
03. 참으로 미묘하다

소동파의 적벽부

소동파蘇東坡는 중국 메이산眉山 지금의 四川省 출생으로서 이름은 식軾이고, 호는 동파거사東坡居士이다. 송나라 제 1의 시인이며, 문장에 있어서도 당송팔대가唐宋八大家의 한 사람이다. 22세 때 진사에 급제하고, 과거시험의 위원장이었던 구양수歐陽修에게 인정을 받아 그의 후원으로 문단에 등장하였다. 왕안석王安石의 '신법新法'이 실시되자 '구법당舊法黨'에 속했던 그는 지방관으로 전출되었다.

천성이 자유인이었으므로 기질적으로도 신법을 싫어하였으며 "독서가 만 권에 달하여도 율律은 읽지 않는다"고 하였다. 이 일이 재앙을 불러 사상 초유의 필화筆禍사건을 일으켰다. 당시唐詩가 서정적인 데 대하여 그의 시는 철학적 요소가 짙었고 새로운 시경詩境을 개척하였다. 대표작인 『적벽부赤壁賦』는 불후의 명작으로 널리 애창되고 있다. '부賦'란 『시경詩經』에서 이르는 시의 육의六義 가운데 하나인데, 사물이나 그에 대한 감상을, 비유를 쓰지 아니하고 직접 서술하는 작법이다.

적벽부는 필화^{筆禍} 사건으로 죄를 얻어 황저우^{黃州:湖北省}에 유배되었던 소동파가 1082년의 가을7월과 겨울10월에 황저우성 밖의 적벽에서 놀다가 지은 것이다. 7월에 지은 것을 『전적벽부』, 10월에 지은 것을 『후적벽부』라 한다. 적벽부에는 삼국시대의 옛 싸움터인 적벽의 아름다운 경치와 역사의 대비, 그리고 자연과 일체화하려는 소동파의 철학이 유려^{流麗}한 시풍^{詩風}으로 잘 나타나 있다.

임술^{壬戌}년, 원풍^{元豊} 5년 가을 7월 16일 밤, 나, 소동파는 손님과 함께 배를 띄워 적벽강 언덕 아래서 놀았다. 서늘한 바람은 천천히 불어오니, 수면의 물결도 일어나지 않았다. 술을 부어 손님에게 권하면서 시경^{詩經}의 명월^{明月}의 시^詩를 읊조리고 또 요조^{窈窕}의 장章을 노래하였다. 잠시 후 달이 동산 위에 솟아오르더니, 남두성^{南斗星}과 견우성^{牽牛星}의 사이, 동남쪽의 하늘을 천천히 배회하는 것이었다. 장강 일대에는 저녁 백로^{白露}가 촉촉히 내렸고, 수광^{水光}과 하늘이 하나로 접하여 강면^{江面}이 아득히 넓다. 그 가운데를 한 척의 작은 배가 제멋대로 가게하니, 만경^{萬頃}이나 되는 넓은 강면을 작은 배는 물결을 가르면서 흘러 넘어가는데 광대^{廣大}한 것이 끝이 없어 마치 허공^{虛空}에 의지하고 바람을 타서 무한정 전진하는 것처럼 생각되었다. 그리고 바람에 나부껴 가볍게, 속세의 모든 일을 잊고, 또 어떤 것에도 구애됨이 없이 다만 혼자 자유로운 입장에서, 날개가 돋혀 신선이 되어 승천^{昇天}하는 것처럼 생각되었다. 이런 신비스러운 풍경 속에서 술을 마시니 기분이 매우 유쾌해져서 뱃전을 두드려 장단을 맞추면서 노래를 불렀다.

동행 손님 가운데 퉁소를 부는 사람이 있어, 나의 노래에 따라 장단을 맞쳐 주었다. 그 소리는 '삘릴리 삘릴리' 울리는데 원망하는 듯, 사모하는 듯, 혹은 우는 듯 하소연하는 듯하여 그 여운이 가늘고 길어, 실처럼 길면서도 끊어지지 않았다. 나는 얼굴에 슬픈 빛을 띠고 옷깃을 바로 잡은 후 단정히 앉아 손님에게 물었다. '무엇 때문에 그 소리가 그토록 슬프냐'고.

　손님은 대답하였다. "'달이 밝으니 별이 드물고, 까막까치는 남쪽으로 날아간다'고 한 것은 조맹덕曹孟德의 시인데, 이 근처야말로 조맹덕의 옛 싸움터인 적벽이다. 그 영웅호걸이 지금은 어디 있느냐. 다만 역사의 한 토막이 되었을 뿐이다. 그런데 그대와 나처럼 장강의 물가에서 물고기를 잡고 나무꾼 노릇이나 하는  천한 생활을 하면서, 물고기와 새우의 친구가 되고, 사슴의 벗이 되어 살아 가는 신세는 더욱 덧없는 것이 아니겠느냐. 한 척의 작은 배에 타고, 호리병 의 술을 들어 서로 권하고는 있지만, 마치 아침에 났다가 저녁에 죽어버리 는 하루살이 같이 짧은 생명을 광대영원廣大永遠한 천지에 기탁하고 있는데, 말하자면 우리 신세는 망망대해茫茫大海에 떠 있는 좁쌀 한 알 같은 미미한 존 재다. 그리하여 자기의 생명이 극히 짧은 동안임을 슬퍼하면서 장강의 물은 끊일 날 없이 영원히 흐르는 것을 부러워하는 것이다. 그렇다고 하늘을 날 아가는 신선과 함께 마음대로 놀 수도 없고, 또 명월을 안고 함께 오래오래 살아간다는 것도 갑자기 될 수 없는 일인 줄 알기 때문에, 다함없는 슬픔을 퉁소소리의 뒤에 남는 가냘픈 여운餘韻 속에 넣어, 그것을 쓸쓸하고 슬픈 가 을바람에 날리는 것이라"고 하였다.

나는 말하였다. "그대는 저 물과 달을 아는가. 흐르는 물은 밤낮의 구별 없이, 이 장강의 물처럼 흘러가지만 아직 지금까지 물이 다 흘러가버린 적은 없으며, 장강은 언제나 변함없이 유유悠悠히 흐르고 있다. 또 찼다 이즈러졌다 하는 달은 저와 같이 늘 변화하지만, 달의 본체는 소멸消滅하지도 증장增長하지도 않는다. 생각하건대, 그 변하는 것, 즉 현상現象의 편에서 보면, 천지도 또한 현상이므로, 일순간일지라도 원상태原狀態대로는 있을 수 없다. 그러나 변화하지 않는 측면側面에서 관찰할 때는, 타물他物도 자기도 다같이 무한한 생명에 근거하여 다함이 없는 것이다. 그러니 우리가 무엇을 부러워할 것인가. 장강의 무궁함을 부러워할 필요는 없다. 우리들 각자各自도 그렇게 생각하면 결코 덧없는 존재가 아니며 상당한 가치를 갖고 있는 것이다. 그뿐만 아니라, 천지 간의 모든 물건에는 각각 주인이 있으니, 적어도 자기의 소유가 아니면, 한가닥의 터럭만한 것도 취해서는 안되지만 다만 이 장강 위의 서늘한 바람이나 산간山間의 명월明月만은 귀가 이 바람을 얻으면 기분 좋은 소리로 듣고, 눈이 이 달을 보면 아름다운 빛으로서 바라보아, 이것을 취한대도 어느 누구 시비하는 자 없고, 또 아무리 사용해도 없어지는 법도 없다. 그러니 이것이야말로 조물주가 지은 물건이 다함이 없이 나오는 창고이다. 그런데 그 무소유無所有, 무진장無盡藏의 양풍명월凉風明月, 즉 자연의 미美는 나도 그대도 다함께 좋아하는 것이니, 이것들을 마음대로 즐기면서 마음을 위로함이 좋지 않겠는가"라고 하였다.

손님은 이 말을 듣고 마음이 기뻐 웃으면서, 술잔을 씻고 술을 다시 마시니, 그러는 동안에 물고기 안주며 과일도 다 없어졌고, 술잔과 접시가 뒤섞여 흩어져 있었다. 그러다가 우리들은 술에 취하여 서로를 베개하고 겹쳐누워 잠들어 동이 훤하게 터오는 것조차 알지 못했다.

　소동파에 따르면 변하는 것, 즉 현상現象의 편에서 보면, 천지도 또한 현상이므로, 일순간일지라도 원상태原狀態대로는 있을 수 없다. 따라서 삶과 죽음은 윤회로 이어진다. 그러나 또한 소동파에 따르면 변화하지 않는 측면側面에서 관찰할 때는, 타물他物도 자기도 다 같이 무한한 생명에 근거하여 다함이 없는 것이다. 따라서 삶과 죽음의 윤회가 사라진다.

02
성철 스님의 법어

성철性徹 스님은 오로지 구도에만 몰입하는 승려로 파계사把溪寺에서 행한 장좌불와長坐不臥 8년은 유명한 일화이다. 조계정 종정을 지내며 돈오돈수頓悟頓修를 주장하였다.

법어 1 — 사람은 자기가 만든 세계 속으로 태어난다

성철 스님은 『자기를 바로 봅시다』의 '영혼의 세계'에서 다음과 같이 생사윤회를 밝히고 있다.

지난 수천년 동안 많은 사람들에 의해 논란과 시비가 되면서 완전히 결론을 내리지 못한 문제로 영혼 문제가 있습니다.

어떤 과학자나 철학자, 종교가는 영혼이 꼭 있다고 주장하는가 하면 또 어떤 학자들은 영혼같은 것은 없다고 주장합니다. 이런 싸움은 수천년 동안 계속되어 내려왔습니다.

그러면 불교에서는 이 문제를 어떻게 취급하는가? 부처님께서는 한결같이 생사윤회를 말씀하셨습니다. 즉 사람이 죽으면 그만이 아니고, 생전에 지은 바 업業에 따라 몸을 바꾸어 가며 윤회를 한다는 것입니다. 윤회는 우리 불교의 핵심적인 원리의 하나입니다.

그러면 윤회란 것은 확실히 성립되는 것인가? 근래 세계적인 대학자들은 윤회를 한다는 영혼 자체를 설명할 수 없다고 합니다. 그렇다면 어떻게 윤회를 설명할 수 있겠습니까? 그래서 이렇게 말하는 사람들도 있습니다.

'윤회는 부처님께서 교화를 위해 방편으로 하신 말씀이지 실제 윤회가 있는 것은 아니다. 윤회가 있고 인과가 있다고 하면 겁이 나서 사람들이 행동을 잘 할 터이므로 교육적인 방편으로 하신 말씀이다.'

그런데 근래 과학이 물질만이 아니라 정신과학도 자꾸 발달함에 따라 영혼이 있다는 것이, 윤회가 있다는 것이, 또한 인과가 분명하다는 것이 점차로 입증되어지고 있습니다.

이제 불교에서 말하는 윤회는 세계의 많은 학자들에 의해서 그 베일이 벗겨지고 있습니다. 한 가지 예를 들어 보겠습니다.

지금으로부터 25년 전 터어키 남부의 '아나다'라는 마을에 '이스마일'이라는 어린애가 있었습니다. 그 집은 정육점을 하는데, 난 후 일년 반쯤 되는 이 어린애가 어느 날 저녁에 아버지와 침대에 누워 있다가 문득 이런 소리를 하는 것입니다.

"나는 이제 우리 집에 가겠다. 이 집에는 그만 살겠어요."

"이스마일아, 그게 무슨 소리냐, 여기가 네 집이지 또 다른 네 집이 어디 있어?"

"아니야, 여기는 우리 집이 아니야! 우리 집은 저 건너 동네에서 과수원을 하고 있어. 내 이름도 '이스마일'이 아니고 '아비스스루무스'야. '아비스스루무스'라고 부르세요. 그렇지 않으면 이제부터는 대답도 안할테야."
이러는 것입니다. 그러면서 또 말했습니다.

"나는 저 건너 동네 과수원집 주인인데 50살에 죽었어. 처음에 결혼한 여자는 아이를 못 낳아서 이혼하고 새로 장가를 갔어. 그리고는 아이 넷을 낳고 잘 살았지. 그러다가 과수원의 일하는 인부들과 싸움이 일어나서 머리를 맞아 죽었어. 마구간에서 그랬지. 그때 비명소리를 듣고 부인하고 애들 둘이 뛰어나오다가 그들도 맞아 죽었어. 한꺼번에 네 사람이 죽었지. 그 후 내가 당신 집에 와서 태어난 거야. 아이들 둘이 지금도 그 집에 있을텐데 그 애들이 보고 싶어서 안되겠어."

그리고는 자꾸 전생의 자기 집으로 간다고 합니다. 그런 소리를 못하게 하면 웁니다. 그러다가 또 전생 이야기를 합니다. 한번은 크고 좋은 수박을 사왔습니다. 이 어린애가 가더니 제일 큰 조각을 쥐고는 아무도 못먹게 하는 것입니다.

"내 딸 '구루사리'에게 갖다 줄테야! 그 애는 수박을 좋아 하거든."

그가 말하는 전생에 살던 곳은 별로 멀리 떨어지지 않은 곳이어서 그 지방 사람이 간혹 이 동네에 오는 이가 있습니다. 한번은 웬 아이스크림 장수를 보더니 뛰어나가서 말했습니다.

"내가 누군지 알겠어?"

알 턱이 있겠습니까?

"나를 몰라? 내가 '아비스스루무스'야. 네가 전에는 우리 과수원의 과일도 갖다 팔고, 채소도 갖다 팔았는데 언제부터 아이스크림 장사하지? 내가 또 네 할례割禮도 해주지 않더냐?"

이렇게 이야기하는 것이 모두 사실과 맞는 것입니다. 이것이 자꾸자꾸 소문이 났습니다.

터어키는 회교국으로서 회교 교리상 윤회를 부인하는 곳입니다. 그러므로 만약 재생을 주장하면 결국 그 고장에서 살 수 없게 되는 것입니다. 그래서 어른들은 '아비스스루무스'가 전생 이야기를 하지 못하도록 자꾸 아이의 입을 막으려고 하였으나, 우는 아이를 달래려면 도리가 없었습니다. 아이가 세 살이 되던 해입니다. 확인도 해볼겸 아이를 과수원으로 데리고 갔습니다. 함께 가는 사람이 다른 길로 가려면

"아니야, 이쪽 길로 가야 해."

하면서 한 번도 가보지 않은 길을 앞장서서 과수원으로 조금도 서슴지 않고 찾아 들어가는 것입니다.

과수원에는 마침 이혼한 전생 마누라가 앉아 있다가 웬 어린애와 그 뒤를 따라오는 많은 사람들을 보고 눈이 둥그렇게 되어 쳐다보았습니다. 어린애는 전생 마누라의 이름을 부르며 뛰어가더니 다리를 안으며 말했습니다.

"너 고생한다."

어린애가 중년의 부인을 보고 '너 고생한다'고 하다니! 부인은 더욱 당황했습니다.

"놀라지 말아라. 나는 너의 전생 남편인 '아비스스루무스'인데 저 건너 동네에서 태어나서 지금 이렇게 찾아왔어."

또 아이들을 보더니,

"'사귀', '구루사리' 참 보고 싶었다"

하면서 흡사 부모가 자식을 대하듯 하는 것입니다. 또 사람들을 자기가 맞아 죽은 마구간으로 데리고 갔습니다.

전에는 좋은 갈색 말이 있었는데 그 말이 안 보이니 어떻게 되었는지 묻고, 팔았다고 하니 무척 아까워했습니다. 그리고 그 곳에서 일하던 여러 인부들을 보지도 않고서 누구누구하며 한 사람씩 이름을 대면서 나이는 몇 살이고 어느 동네에 산다고 하는데 모두 맞습니다. 그런데 어떻게 전생의 과수원 주인이 아니라고 할 수 있습니까?

이것이 결국 세계적인 화제 거리가 되어 '이스마일'이 여섯 살이 되던 1962년 학자들이 전문적이고 과학적으로 조사 검토하기 위해 조사단을 조직하였습니다.

이때 일본에서도 다수의 학자들이 참여했습니다. 그 조사 보고서에서 보면 확실하고 의심할 수 없는 전생기억으로 다음과 같은 것이 있습니다. 그 과수원 주인이 생전에 돈을 빌려 준 것이 있었는데 '아비스스루무스'가 죽어버린 후 그 돈을 갚지 않았습니다. 그 돈 빌려간 사람을 불렀습니다.

"네가 어느 날 돈 얼마를 빌려가지 않았느냐. 내가 죽었어도 내 가족에게 갚아야 할 것이 아니냐. 왜 그 돈을 떼어 먹고 여태 갚지 않았어?"

돈 빌려 간 날짜도 틀림없고 액수도 틀림없었습니다. 안 갚을 수 있겠습니까! 이리하여 전생 빚을 받아내었습니다.

이것은 죽은 '아비스스루무스'와 돈 빌려 쓴 두 사람 외에는 아무도 모르는 비밀이었습니다. 그런 것을 틀림없이 환하게 말하는데, 이것을 누가 어린애에게 말해 줄 것이며 또 어린애가 어떻게 알 수 있겠습니까? 이렇게 하여 '이스마일'은 '아비스스루무스'의 재생이라는 데에 확정을 짓고 보고서를 내었습니다.

앞에서 얘기한 '이스마일'의 예와 같은 전생기억의 사례는 학계에 보고된 것만 해도 무수히 많습니다. 또 차시환생借屍還生 사람이 죽어서 다시 나는 것이 아니고 내 몸뚱이는 아주 죽어버리고 남의 송장에 의지해서, 즉 몸을 바꾸어서 다시 살아나는 경우과 연령역행年齡逆行 최면술을 사용하여 사람의 연령을 자꾸자꾸 역행시켜 전생을 알아내는 경우의 사례도 있습니다.

그러면 전생이 있고 윤회를 한다고 할 때 어떤 법칙에서 윤회를 하는가? 내가 마음대로 원하기만 하면 김씨가 되고 남자가 되고 할 수 있는가? 영국의 캐논Sir Alexander Cannon 박사의 보고서에 의거해서 살펴보면 그것은 순전히 불교에서 얘기하는 인과법칙에 의한다는 것이 판명되었습니다. 인과법칙이란 선인선과善因善果, 악인악과惡因惡果입니다. 콩 심은 데 콩 나고 팥 심은 데 팥 난다는 말입니다. 이것은 자연의 법칙입니다. 착한 원인에는 좋은 결과가 생기고, 나쁜 원인에는 좋지 않은 결과가 생긴다 이 말입니다.

성철 스님의 말씀을 한마디로 요약해서 '사람은 자기가 만든 세계 속으로 태어난다'고 표현할 수 있다.

법어 2 — 오고 가는 것 즉 생과 사가 없다

성철 스님은 『자기를 바로 봅시다』의 '내가 부처가 된 때'에서 다음과 같이 불생불멸不生不滅을 밝히고 있다.

불교의 목적이 무엇이냐고 물으면 '성불이다', 즉 부처가 되는 것이라고 합니다. 으레껏 그렇게 말하지만 실제로는 맞지 않는 말입니다. 실제로는 중생이 본래 부처라는 것입니다. 깨쳤다는 것은 본래 부처라는 것을 깨쳤다는 말일 뿐 중생이 변하여 부처가 된 것이 아닙니다. 그 전에는 자기가 늘 중생인 줄로 알았는데 깨치고 보니 본래 성불해 있더란 것입니다. 본래 성불해 있었는데 다시 무슨 성불을 또 하는 것입니까? 그런데도 '성불한다' 이렇게 말하는 것은 중생을 지도하기 위한 방편으로 하는 말일 뿐입니다. 부처님이 도를 깨쳤다고 하는 것은 한량없는 세월 전부터 성불한 본래 모습 그것을 바로 알았다는 말입니다. 이 말은 부처님 한 분에게만 해당되는 말이 아닙니다.

우리가 사는 이 세계를 '사바세계'라 합니다. 모를 때는 사바세계이지만 알고 보면 이곳은 사바세계가 아니고 저 한량없는 세월 전부터 이대로가 극락세계입니다. 그래서 불교의 목표는 중생이 변하여 부처가 되는 것이 아니고, 누구든지 바로 깨쳐서 본래 자기가 한량없는 세월 전부터 성불했다는 것, 이것을 바로 아는 것입니다. 동시에 온 시방법계가 불국토佛國土 아닌 곳, 정토淨土 아닌 나라가 없다는 이것을 깨치는 것이 불교의 근본 목표입니다.

부처란 불생불멸不生不滅을 이르는 말입니다. 한량없는 세월 전부터 성불했다고 하는 것은 본래부터 모든 존재가 불생불멸 아닌 것이 없다는 그 말입니다.

그러면 어째서 사바세계가 있고 중생이 있는가?

내가 언제나 하는 소리입니다. 아무리 해가 떠서 온 천하를 비추고 환한 대낮이라도 눈 감은 사람은 광명을 못 봅니다. 그와 마찬가지입니다. 마음의 눈을 뜨고 보면 우주법계 전체가 광명인 동시에 대낮 그대로입니다. 마음의 눈을 뜨고 보면 전체가 부처 아닌 존재 없고 전체가 불국토 아닌 곳이 없습니다.

그러나 이것을 모르고 아직 눈을 뜨지 못한 사람은 '내가 중생이다', '여기가 사바세계다'라고 말할 뿐입니다.

눈을 감고 보면 전체가 다 암흑입니다. 마음의 눈을 뜨고 보면 전체가 다 부처이고, 전체가 다 불국토이지만, 마음의 눈을 감고 보면 전체가 다 중생이고 전체가 다 사바세계인 것입니다. 그러니 우리는 이것저것 말할 것 없습니다. 누가 눈감고 캄캄한 암흑세계에 살겠다고 하는 사람이 있겠습니까. 누구든지 광명세계에 살고 싶고, 누구든지 부처님 세계에 살고 싶고, 누구든지 정토에 살고 싶은 것입니다. 그렇다면 한시 바삐 어떻게든 노력하여 마음의 눈만 뜨면 일체의 문제가 다 해결됩니다.

가고 오고 할 것이 없습니다.

성철 스님의 말씀을 한마디로 요약해서 '오고 가는 것 즉 생과 사가 없다'고 표현할 수 있다.

03

참으로 미묘하다

함부르크 대학 교수를 역임한 오토 베츠Otto Betz는 저서 『숫자의 비밀Die geheimnisvolle Welt der Zahlen』에서 다음과 같이 설명하고 있다.

우리가 소속되어 살아가는 이 세계, 우리의 영원한 연구 대상인 이 지상의 세계는 숫자로 이루어진 세계다. 이 세상에 몸담고 있는 모든 존재와 사물은 나란히 혹은 서로 마주하면서 존재한다. 이 모든 것들은 셀 수 있는 것으로서, 이들의 관계 또한 계산이 가능하다. 즉 이 세상의 모든 존재와 사물은 더하거나 뺄 수 있으며, 곱하거나 나눌 수 있는 것이다. 그리고 우리에게는 수학적인 능력, 그러니까 이 모든 것들을 측정하고 셀 수 있는 능력이 허락되어 있고, 이런 우리의 능력에 대해 우리는 대단한 자부심을 가지고 있다.

그러나 이런 자부심에도 불구하고 실제로 측량과 계산의 대상이 될 수 없는 현상들이 존재하는 것도 사실이다. 루돌프 카스너는 "정신의 세계에서 숫자는 더 이상 아무런 효력을 발휘하지 못한다"고 말한다. 그리고 마이스터 엑크하르트는 "영원 속에는 숫자가 존재하지 않는다. 영원은 모든 숫자들의 저편에 존재한다"라고 주장했다. 이런 믿음과 주장 앞에서 우리의 자부심은 일시에 무너져 내리고 만다.

　우리 인간들은 숫자를 통해 이 세상의 다양한 관계들을 수집하고, 측정하고, 한데 모으고, 수량화시키고, 관찰하여 그 의미를 파악해내려 부단히 애쓰고 있다. 그렇지만 혹시 다른 한편으로는 숫자가 더 이상 아무런 역할을 수행하지 못하는 상태에 도달할 수 있기를 동경하고 있는 것은 아닐까? 아니면 언젠가는 숫자를 넘어설 수 있으리라는 희망을 가지고 이 숫자의 세계를 횡단해온 것은 아닐까? 이런 기대를 반영하듯 라이너 마리아 릴케는 「오르페우스에게 바치는 소네트」에서 다음과 같이 노래한다.

　이루 말할 수 없는 숫자의 합에
　환호하며 덧보태라, 그대 자신을, 그리고는 숫자를 없애버려라.

　우리 인간은 숫자로 이루어진 세상에 살고 있다. 그런 이상 숫자를 과소평가하거나 무시하는 것은 불가능할 것이다. 하지만 숫자의 세계를 극복하고 이를 통해 우리의 좁디좁은 한계를 넘어서고자 하는 비밀스런 열망을 마음속에 간직하는 것은 무방하리라고 생각한다.

　우리는 앞에서 본 성철 스님의 법어 1과 법어 2가 모순矛盾 contradiction 이라고 생각할 수 있다. 왜냐하면 법어 1은 윤회를 긍정하는 것이고 법어 2는 윤회를 부정하는 것이기 때문이다. 그러나 오토 베츠Otto Betz

가 숫자의 있음과 없음을 밝힌 것처럼 성철 스님은 윤회의 있음과 없음을 밝힌 것이다. 밤과 낮이 존재하듯 깨달음을 이루지 못한 중생과 깨달음을 이룬 부처가 존재한다. 깨달음을 이루지 못한 중생에게는 윤회가 따르고 깨달음을 이룬 부처에게는 윤회가 끊어진다.

참고로 불교에서는 '세간의 멸滅함을 여실히 보면 세간이 있다有는 견해가 있을 수 없고, 세간의 생生함을 여실히 보면 세간이 없다無는 견해를 가질 수 없다. 그렇기에 여래는 유有와 무無를 떠난 중도中道를 설한다'고 한다. 성철 스님은 고승이므로 위의 법어는 이 중도를 일러주기 위한 대기설법對機說法 불교에서 듣는 사람의 이해능력에 맞추어 진리를 해설하는 일이라고 본다.

고승의 선시 가운데는 언어나 문자의 고정된 틀을 벗어나 종횡무진으로 달리는 경우가 많다.

효봉曉峰스님은 할아버지에게 사서삼경을 배웠으며, 1913년 일본 와세다早稻田대학 법학부를 졸업했다. 귀국 후 우리나라 최초의 판사가 되어 법조계에서 일했다. 1923년 한 피고인에게 사형선고를 내린 후 '인간이 인간을 벌하고 죽일 수 있는가'라는 회의에 빠져 법관직을 버리고 3년 동안 전국을 방랑한 뒤 1925년 금강산 신계사 보운암에서 출가했다.

출가 후 고승을 찾아 전국을 순례하였으나 뜻을 이루지 못하고 1927년 금강산으로 돌아왔다. 이후 밤낮으로 수행을 거듭하였는데, 한번 앉으면 절구통처럼 움직이지 않아 절구통 수좌首座라는 별명을 얻기도 했다. 법기암 뒤에 토굴을 짓고 들어가 수행하였으며 1931년 도를 깨달았다.

정혜쌍수定慧雙修에 대한 구도관을 확립하였으며, 통합종단 초대 종정을 지냈다. 평소 계율을 철저히 지키고 제자들을 엄하게 가르쳐 문하에서 훌륭한 인재가 많이 배출되었다.

경상남도 밀양군 표충사 서래각에 머무르던 1966년 10월 15일 오전에 입적하였다. 다비 후 나온 사리 50과를 송광사와 표충사·용화사·미래사 등에 나누어 모셨다. 다음은 효봉스님의 오도송悟道頌이다.

바다 밑 제비 둥지에 사슴이 알을 품고　　　海底燕巢鹿抱卵

불 속 거미집선 고기가 차 달이네　　　　　火中蛛室魚煎茶

이 집안 소식을 뉘 능히 알리　　　　　　　此家消息誰能識

흰 구름은 서편으로 날고 달은 동쪽으로 달리네　白雲西飛月東走

표현이 꼬여도 한참 꼬였다. 읽을수록 알쏭달쏭하고 들을수록 해괴하다. 하늘을 나는 제비의 집이 어찌해서 바다 밑바닥에 있으며, 태생동물인 사슴이 어떻게 바닷속 제비 둥지에 들어와 알을 품고 있는가. 불 속 거미집이나 거기까지 올라와 차를 달이는 물고기의 경우도 마찬가지다. 달은 서쪽으로 떨어지는 것인데 어찌해서 동쪽으로 달리는가? 그리고 스님이 노래하고 있는 '이 집안 소식'의 정체는 무엇일까? 선가禪家의 깨달음은 참으로 미묘하여 언어나 문자로는 전할 수 없다.

7
사주

01. 총설
02. 구체적인 적용
03. 김치(金緻)
04. 이석영(李錫暎)

총설

1. 사주와 인생

예로부터 '연월일시^{年月日時} 기유정^{旣有定}인데 부생^{浮生}이 공자망^{空自忙}이라!' 즉 '태어난 사주팔자가 이미 정해져 있는데, 부질없는 인생들이 그것을 모르고 공연히 스스로 바쁘게 뛰어 다닌다'는 말이 전해 내려온다.

위의 말처럼 사람의 한평생은 사주대로 흘러가는가. 필자는 저서 『우리 사주학』에서 다음과 같이 이야기했다.

사람의 한평생이란 과연 무엇인가? 어린 시절이 엊그제 같은데 벌써 회갑이라고 한다. 60갑자가 한 바퀴 돌았으니 사주와 인생을 논해보는 것이 무리는 아닐 것 같다. 나는 사주가 70% 정도는 맞고 나머지 30% 정도는 '심상^{心相}'에 따라 달라진다고 본다. 석가모니는 팔정도^{八正道}를 말했다. 사주학은 정^正을 일러주는 학문이다. 그래서 사주학을 자평학^{子平學}이라고도 한다.

전생의 사연이 일상의 꿈 속 사연과 다를 바 없고, 다음 삶에서 돌이켜보면 현재의 삶 또한 꿈 속 사연일 수밖에 없다. 꿈을 깨고 나서 누구나 그 허망함을 절감하지만 꿈꾸는 동안은 모든 것이 생생한 현실이다. 꿈 속 사연이 즐거우면 꿈을 깨고 나서도 개운하고 즐겁듯이, 현재의 삶이 반듯하면 다음 생의 삶 또한 반듯해서 즐거울 것이다. 현재의 삶이 반듯하려면 자신의 전생 업습을 알아 착한 업습은 더욱 확충하고 악한 업습은 순치시켜야 한다.

사주학은 개개인의 전생 업습을 밝혀 알 수 있게 할 뿐만 아니라, 현재의 삶을 반듯하게 엮어 세세생생世世生生 즐겁고 편안한 삶을 영위할 수 있는 방안을 제시하는 이른바 인생 수업修業의 지침을 일깨워주는 학문이다. 스스로 잘 다스려 이웃과도 조화로운 삶을 영위하기를 바라는 마음에서 이 책을 출간하게 되었다.

불란서 작가 베르나르 베르베르의 『타나토노트Thanatonaute』와 인도의 고승 파드마 삼바바의 『티베트 사자死者의 서書』에는 매우 흥미로운 장면들이 나온다. 천상인天上人들은 지상의 일을 과거·현재·미래에 걸쳐 모두 알고 있으며, 지상인地上人도 비록 소수이지만 평소 천상을 자유롭게 왕래하며 천상인들과 같은 능력을 지니고 있다는 것이다.

정신이 맑은 사람은 여실지견如實知見, 즉 있는 그대로 바르게 본다. 전설에 따르면 석가모니가 태어났을 때 히말라야 산에서 아시타라는 선인仙人이 찾아와 "집에 있어 왕위를 계승하면 전 세계를 통일하는 전륜성왕轉輪聖王이 될 것이며, 만약 출가하면 반드시 붓다가 될 것이다"라고 예언했다 한다.

사주학의 체계를 이룩한 옛 선현들이 아시타 선인처럼 밝은 눈을 가졌다고 본다. 왜냐하면 사주학은 '변화의 진리'를 가르치고 있기 때문이다. 사주학은 음양오행 이론에 근거를 두고, 개인의 생년월일시를 기초로 생극화합의 관계를 파악하여 절대 중화와 순리의 견지에서 평생의 운로運路를 파악하는 학문이다.

사주학은 명리학 · 자평학 · 추명학 · 사주명리학 등으로 불린다. 필자는 이 학문을 친근하게 느끼기 때문에 그냥 '사주학'이라고 즐겨 부른다. 오늘날 인류는 마음의 평안을 찾지 못하므로 여실지견을 이루지 못하고 있다. 그래서 '천상천하 유아독존天上天下 唯我獨尊'의 본래 뜻에서 벗어나 자만심으로 가득 차 있다. 또한 자신의 좁은 소견으로 이해할 수 없는 것은 무조건 비과학적이라고 배척한다. 어느 노 교수의 이야기를 들어보자.

지구는 시속 107,460km라는 놀라운 속도로 태양 주위를 회전하는 데도 궤도 이탈이 없는 이유는 무엇인가? 태양이 중력이라는 힘을 작용하여 지구의 원심력과 균형을 이루어 주기 때문이다. 참으로 우주는 신비롭다. 지금까지 알려진 바에 의하면 이 넓은 우주 속에 오직 지구에만 생명이 존재한다. 그런데 '만물의 영장'인 인간의 능력은 어떠한가. 인간이 눈으로 볼 수 있는 가시광선 외에도 우리 주위에는 많은 빛이 존재한다. 병원에서 쓰는 X선도 빛의 일종이고, TV나 라디오, 그리고 휴대 전화기에서 방출되는 전자파도 빛의 일종이다. 자연계에 존재하는 빛 중에서 인간이 눈으로 볼 수 있는 가시광선은 불과 5% 정도다. 나머지 95%는 아무리 눈이 좋은 사람도 결코 볼 수 없다. 이 세상에 존재하는 빛을 모두 보는 줄로 생각하는 사람은 착각 속에 살고 있는 것이다.

그러면 소리를 듣는 귀는 어떤가? 소리의 본질은 공기의 진동이고, 인간의 가청음역은 초당 20~2만 사이의 진동수를 내는 음파뿐이다. 이 영역을 벗어나는 음파를 초음파라 하는데 일부 동물들은 인간이 못 듣는 초음파를 듣는다. 개는 진동수 3만8천 헤르츠^{Hz} 진동수의 단위. 1초간 n회의 진동을 n헤르츠라 함까지 들을 수 있고, 박쥐는 9만8천 헤르츠, 돌고래는 20만 헤르츠까지 들을 수 있다고 한다. 또 병원에서 쓰는 초음파 진단기는 수백만의 진동수를 내고 있으니 인간의 귀는 주변에 존재하는 음파의 1%도 못 듣는 셈이다.

또 '만물의 영장'인 인간의 판단력은 어떤가? 태양이 동쪽에서 떠서 서쪽으로 진다는 사실만 보고 인간은 무려 1,500년 동안 천동설을 믿어온 어리석은 역사를 가지고 있다. 과학이 발달한 오늘에도 우주 구성의 65%를 차지하고 있는 진공에너지$^{dark energy}$의 정체가 무엇인지 아무도 모르고 있다. 인간은 겸허해야 한다.

2. 사주란 무엇인가

사주학은 사람이 어머니로부터 독립하여 이 세상과 첫 호흡의 인연을 맺은 시점을 기준으로 하여 그 때의 종합된 기를 파악해서 평생의 운로를 추리하고 탐구한다. 따라서 사주학은 어느 시점에 태어났느냐를 문제삼는다. 그 시점은 생년 · 생월 · 생일 · 생시의 네 가지에 의해 구성된다.

우리가 흔히 팔자 또는 사주팔자라고도 부르는 사주四柱는 4개의 기둥이란 뜻이다. 사람이 태어난 연월일시는 각각 천간과 지지가 결합한 육십갑자로 나태낼 수 있는데, 한자는 가로쓰기가 아닌 세로쓰기를 하므로 연월일시의 육십갑자를 모두 적어 놓으면 마치 4개의 기둥이 서 있는 형상과 같다.

사주학에서는 태어난 해의 육십갑자를 연기둥연주:年柱, 태어난 달의 육십갑자를 월기둥월주:月柱, 태어난 날의 육십갑자를 일기둥일주:日柱, 그리고 태어난 시각의 육십갑자를 시기둥시주:時柱이라고 하며 연월일시 4개의 기둥을 사주라고 한다. 연월일시 4개의 기둥은 각각 천간 한 글자와 지지 한 글자로 이루어져 있다. 연주, 월주, 일주, 시주의 천간은 이를 각각 연간年干, 월간月干, 일간日干, 시간時干이라고 한다. 연주, 월주, 일주, 시주의 지지는 이를 각각 연지年支, 월지月支, 일지日支, 시지時支라고 한다. 다시 말해 연월일시 4개의 기둥은 각각 두 글자로 이루어진 것이다. 따라서 4×2=8로 이것이 여덟 글자 즉 팔자八字이다. 사주팔자란 '네 기둥 여덟 글자'를 가리키는 용어이다. 그런데 네 기둥 즉 사주가 여덟 글자 즉 팔자이다. 따라서 사주팔자=사주=팔자이다.

어떤 용어를 사용하든 다 그게 그것이다.

그런데 '네 기둥 여덟 글자'는 사주학에서 어떤 의미를 갖고 있을까? 우리가 특정 시점에 이 세상과 인연을 맺고 태어났다는 사실을 부정할 수 없는 인과의 귀결이자 하늘의 명命으로 본다. 예를 들어 대

포를 쏘면 각도, 화약과 포신의 크기 등에 따라 포탄의 운동곡선과 낙하지점 및 시점이 달라지듯이, 사주 또한 주인공의 세세생생世世生生 함축된 인과를 나타내는 법륜法輪 즉 법의 수레바퀴라고 보는 것이다.

✢ 간지

만세력이란 천체를 관측하여 해와 달의 운행과 절기 따위를 적은 책이다.

> 만세력은 음양오행의 바로미터barometer이다.
> 그런데 만세력에는 연월일年月日이 간지干支라는 문자로 나타나있다.

예를 들면 2010년은 경인庚寅년인데 무인戊寅월 을유乙酉일부터 시작된다.

간干은 하늘이고 천간天干이라고도 한다 —— 천간에는 갑甲 · 을乙 · 병丙 · 정丁 · 무戊 · 기己 · 경庚 · 신辛 · 임壬 · 계癸의 10간이 있다. 위에서 본 2010년의 경우 윗글자인 경庚 · 무戊 · 을乙은 천간이다.

지支는 땅이고 지지地支라고도 한다 —— 지지에는 자子 · 축丑 · 인寅 · 묘卯 · 진辰 · 사巳 · 오午 · 미未 · 신申 · 유酉 · 술戌 · 해亥의 12지가 있다. 위에서 본 2010년의 경우 밑글자인 인寅 · 인寅 · 유酉는 지지이다.

천간과 지지를 합쳐 간지干支라고 한다 —— 10간과 12지를 동시에 순차적으로 진행시켜 짝을 이루어나가면 60개의 간지가 되는데 이것을 육십갑자^{六十甲子}라고 한다. 갑자^{甲子}, 을축^{乙丑}, 병인^{丙寅}, 정묘^{丁卯}......순으로 짝지어나가면 마지막은 계해^{癸亥}가 된다.

■10간의 음양과 오행은 다음과 같다.

10간 음양오행	갑甲	을乙	병丙	정丁	무戊	기己	경庚	신辛	임壬	계癸
음양	+	−	+	−	+	−	+	−	+	−
오행	목木		화火		토土		금金		수水	

■12지의 음양과 오행은 다음과 같다.

12지 음양오행	자子	축丑	인寅	묘卯	진辰	사巳	오午	미未	신申	유酉	술戌	해亥
음양	−	−	+	−	+	+	−	−	+	−	+	+
오행	수水	토土	목木		토土	화火		토土	금金		토土	수水

✥ 본인별

본인별이란 사주팔자에서 일기둥^{일주：日柱}의 두 글자 중 윗글자인 일간^{日干}을 달리 표현한 것인데, 사주학에서는 이것을 '주체'로 본다. 본인별^{일간}이 목성·화성·토성·금성·수성 중에서 어디에 해당하는지 알려면 만세력^{천체를 관측하여 해와 달의 운행과 절기 따위를 적은 책}에서 본인이 태어난 날의 일진^{日辰} 즉 일주^{日柱}를 보아야 한다. 일진은 두 글자로 되어 있는데 윗글자인 첫 글자가 갑^甲이나 을^乙이면 목성이고, 병^丙이나 정^丁이면 화성이며, 무^戊나 기^己면 토성이고, 경^庚이나 신^辛이면 금성이며, 임壬이나 계癸이면 수성이다.

　다시 말해 본인별이란 태어난 날의 천간이다. 천간에는 갑甲 · 을乙 · 병丙 · 정丁 · 무戊 · 기己 · 경庚 · 신辛 · 임壬 · 계癸라는 10개의 별이 있다. 본인별은 천간으로 표시할 수도 있고, 그 오행을 따라 목성 · 화성 · 토성 · 금성 · 수성으로 나타낼 수도 있다.

　예들 들어 갑신甲申년 임신壬申월 계해癸亥일 경신庚申시에 태어난 사람의 경우에는 일진이 계해癸亥이니 본인별은 계해癸亥의 천간인 계癸로 표시할 수도 있고, 그 오행을 따라 수성으로 나타낼 수도 있다. 10개의 별은 다음과 같이 각각 다른 비유로써 구체화시킬 수도 있다.

갑甲 —— 큰 수목, 재목	기己 —— 평원옥토, 화단
을乙 —— 화초, 덩굴식물	경庚 —— 무쇠, 바위
병丙 —— 빛, 태양	신辛 —— 보석, 열매
정丁 —— 열, 등댓불	임壬 —— 바다, 호수
무戊 —— 큰 산, 제방	계癸 —— 개울물, 비

　위의 비유는 예시에 불과하므로 이것에 지나치게 얽매일 필요는 없다. 예를 들어 갑甲은 맨 앞의 천간이니 선두주자나 통치권자라고 할 수도 있고, 계癸는 섬세함의 극치이니 이슬이나 눈이라고 할 수도 있기 때문이다.

3. 사주 구성법

사주는 사람이 태어난 연월일시를 각각 천간과 지지로 나타낸 연주, 월주, 일주, 시주의 네 기둥으로 이루어진다. 태어난 해를 연주, 태어난 달을 월주, 태어난 날을 일주, 태어난 시각을 시주라고 한다.

사주를 보기 위해서는 우선 사주 구성 즉 사주팔자 세우기를 해야 한다. 하지만 그 내용이 무척 까다롭다. 주인공이 태어난 연월일시를 정확하게 알면 만세력을 이용해서 연주 · 월주 · 일주를 세울 수 있다. 그러나 시주는 만세력에 나타나 있지 않으므로 만세력을 이용해도 시주를 세울 수 없다. 또한 입춘 등 절기를 밝혀야 하고 표준시 · 서머타임summer time 등을 계산에 넣어야 하며 그 밖에도 다루어야 할 것이 있다.

그러나 독자는 조금도 걱정할 필요가 없다. 왜냐하면 컴퓨터의 활용으로 사주팔자 세우기를 간단하게 해결할 수 있기 때문이다. 인터넷 포털사이트에서 '사주포럼www.sajuforum.com'으로 들어가 거기서 '인생방정식'을 이용하면 금방 사주명식四柱命式 연월일시를 간지로 바꾸어 놓은 것을 뽑아낼 수 있다.

❖ '인생방정식' 이용 하기

인터넷 포털사이트 → 『사주포럼www.sajuforum.com』 → '인생방정식'→ 진행 → 사주명식

사주명식을 적을 때에는 오른쪽에서 왼쪽으로 연주 · 월주 · 일

주·시주를 적는다. 남성의 경우에는 건명乾命이라 하고 여성의 경우
에는 곤명坤命이라 하는데 사주명식 옆에 적는다.

■ 예 — 1944년 8월 27일양력 16시 출생/남성

시	일	월	연 건명
경	계	임	갑
신	해	신	신

위의 사주명식을 상세하게 살펴보면 다음과 같다.

***연주** —— 갑신. 연간은 갑, 연지는 신

***월주** —— 임신. 월간은 임, 월지는 신

***일주** —— 계해. 일간은 계, 일지는 해

***시주** —— 경신. 시간은 경, 시지는 신

■ 예 — 2009년 1월 1일양력 12시 출생/여성

시	일	월	연 곤명
갑	병	갑	무
오	오	자	자

위의 사주명식을 상세하게 살펴보면 다음과 같다.

***연주** —— 무자. 연간은 무, 연지는 자

***월주** —— 갑자. 월간은 갑, 월지는 자

***일주** —— 병오. 일간은 병, 일지는 오

4. 사주와 희용신

사주학에서는 사주를 꽃피울 수 있는 핵이 되는 오행木火土金水을 '용신用神'이라고 한다. 그리고 용신은 아니지만 용신한테 길吉 작용을 하는 것을 '희신喜神'이라고 한다.

예를 들어 사주가 더워서 시원한 수水를 기뻐하면 수水가 용신이고, 금생수金生水의 원리에 따라 이 수水한테 길吉 작용을 하는 금金이 희신이다.

사주학에서 용신을 찾는 방법은 다음 다섯 가지가 있다.

✥ 억부용신

사주에서 강한 오행은 억압해주고, 약한 오행은 도와주어야 한다. 이렇게 조정해줄 수 있는 오행이 용신이 되는데 이것이 곧 억부용신이다.

✥ 조후용신

사주는 조화를 이루어야 한다. 추우면 따뜻함이 필요하고 더우면 서늘함이 필요하다. 건조하면 윤택함이 필요하고 습하면 밝음이 필요하다. 이렇게 조정해 줄 수 있는 오행이 바로 조후용신이다.

✢ 종용신

사주에 특정 오행의 기운이 지나치게 강해서 도저히 다스릴 수 없는 경우에는 그대로 그 오행에 따르는 것이 좋다. 그 오행이 바로 종용신이다.

✢ 통관용신

사주에서 두 세력이 서로 치고받고 다툴 때에는 이를 소통시켜 줄 필요가 있다. 이렇게 해줄 수 있는 오행이 통관용신이다.

✢ 병약용신

병이란 사주를 길격으로 구성하는 데 방해되는 자예를 들어 불필요하게 태왕한 자 또는 용신에 해를 끼치는 자예를 들어 용신을 극하는 자로 전자를 사주의 병, 후자를 용신의 병이라고 한다. 반면 병을 다스릴 수 있는 자를 약藥이라고 한다. 약인 오행이 병약용신이다.

용신을 찾는 일은 결코 쉽지 않다. 따라서 용신과 희신을 명확하게 구별할 수 없는 경우가 많다. 그런 경우에는 '희용신'이란 용어를 사용할 수 있다. 예를 들어 어느 사주가 목木·화火를 모두 기뻐하지만 어느 것이 용신이고 어느 것이 희신이라고 명확하게 구별할 수 없으면 '목木·화火가 희용신이다'라고 표현할 수 있다.

사주팔자에서 희용신을 찾아내기 위해서는 먼저 주인공의 사주가 신강身强인지 아니면 신약身弱인지를 알아내야 한다. 그런데 신강과 신약의 구별은 사주 전체를 보는 안목과 관련되어 있다. 그래서 신강과 신약을 명쾌하게 구별할 수 있다면 사주학 공부는 이미 절반은 끝난 셈이라고 한다.

사주학에서는 본인별 즉 일간을 '주체'로 보기 때문에 신강은 일간이 강하다는 뜻이고, 신약은 일간이 약하다는 뜻이다.

시간	일간	월간	연간
시지	일지	월지	연지

사주팔자에서 일간을 도와주는 오행이 많으면 신강이라 하고 반대로 일간을 도와주는 오행이 적으면 신약이라고 한다. 그러면 도와주는 오행이란 무엇일까?

오행	도와주는 오행
목木	목木 · 수水
화火	화火 · 목木
토土	토土 · 화火
금金	금金 · 토土
수水	수水 · 금金

위의 표에서 목木이 목木을 도와주는 것은 당연하고, 수水는 수생목木生木으로 목木을 도와준다. 화火가 화火를 도와주는 것은 당연하고, 목木은 목생화木生火로 화火를 도와준다. 토土가 토土를 도와주는 것은 당

연하고, 화火는 화생토火生土로 토土를 도와준다. 금金이 금金을 도와주는 것은 당연하고, 토土는 토생금土生金으로 금金을 도와준다. 수水가 수水를 도와주는 것은 당연하고, 금金은 금생수金生水로 수水를 도와준다.

사주학에서는 사주가 신강인지 아니면 신약인지를 구별해서 희용신을 판단하지만, 어디까지나 대자연의 이치에 따를 것을 일러주고 있다. 모든 생명체는 사계절의 기후변화에 따라 성장 발육에 큰 영향을 받는다. 인간 역시 마찬가지여서 기후에 따라 정신적·육체적인 차이가 생기고 운명 또한 달라지게 된다. 그러므로 자신에게 필요한 좋은 기후를 만나야 하는데, 사주학에서는 자신의 성장 발육에 바람직한 기후와의 조화를 조후調候라고 하여 매우 중시한다.

사주는 억부사주에서 강한 자는 억압해주고, 약한 자는 도와주는 것와 조후의 이치를 조화롭게 적용하여 파악해야 한다. 억부는 현실이요, 조후는 이상이다. 현실을 떠난 이상은 있을 수 없고 이상을 떠난 현실은 무의미하다.

현실과 이상이 조화를 이루면 가장 바람직하다.

5. 사주와 운의 흐름

이태백은 「춘야연도리원서春夜宴桃李園序」라는 시에서 '광음光陰이란 백대百代의 과객이요, 천지란 이 과객을 맞이하는 객줏집 같은 곳이다'라고 노래했다. 이태백의 표현을 빌면 사주는 과객이요, 운은 객줏집이다. 여기서 사주라는 나그네는 쉬지 않고 새로운 객줏집으로 발길을 돌린다. 정적인 나그네가 동적으로 파악되고 있다.

그러므로 사주 간명看命이란 먼저 사주의 간지干支를 살펴 그 근기根基를 파악한 다음, 운로運路 즉 운의 흐름에 비추어 해당 인물의 일생을 논하는 것이다. 근기는 초목과 같고 운의 흐름은 기후와 같다. 초목이 조화로운 기후를 만나면 생기를 발하지만 그렇지 못하면 시들어버린다. 마찬가지로 근기가 박약하면 마치 봄날의 복사꽃처럼 잠시 동안만 아름다울 뿐 그 아름다움이 길지 않다. 그러나 근기가 충실하면 마치 송죽松竹처럼 그 기상이 겨울에도 푸르다. 그러므로 먼저 근기를 논하고 다음으로 운의 흐름을 살피는 것이다. 그러나 아무리 충실한 근기라고 해도 운의 흐름이 조화롭지 않으면 아름다움을 누리지 못하니, 이 때문에 사주 간명看命의 초점을 운의 흐름에 두는 것이다.

우리 선현들은 인간도 하나의 소행성이라고 인식하고, 사주학의 많은 이론들을 천문학에 근거를 두고 발전시켜왔다. 인간도 지구와 마찬가지로 태양계에서 태어나 태양 주위를 맴돌다 사라지는 하나의 소행성이다. 하도와 낙서에는 이러한 우주의 신비가 담겨 있다. 태초에 음양이 분리되어 물H_2O이 생기고, 이것이 수소와 산소로 분리되어 하늘의 불이 형성된다. 그 과정에서 상승과 하강 작용이 이루어져, 천지만물은 태어나면서부터 구심점을 형성해서 빙글빙글 돌게 된다. 달은 지구의 둘레를 돌고, 지구는 태양의 둘레를 돈다. 태양 또한 다른 별자리를 도는데, 이처럼 모든 천체가 자미신궁을 중심으로 원무圓舞를 추고 있다. 하도와 낙서는 우주의 신비를 말하면서, 인간도 하나의 소행성이니 우주의 질서 속에 조화를 이루며 살아가라고 가르쳐준다.

예로부터 많은 과학자들이 우주 탄생의 기원과 크기, 모습, 중심점 등을 알아내기 위해 많은 노력을 해왔다. 그러나 우주는 인간의 상상을 초월할 정도로 크고 방대하기 때문에 지금까지도 밝혀지지 않은 부분이 많다. 태양계를 비롯한 수많은 별·성단·성운 등을 포함하고 있는 우리 은하에는 태양과 같은 별이 약 2,000억 개가 있다고 추정된다. 한편 우리 은하 밖에는 타원은하·나선은하·불규칙은하 등으로 이루어진 외부은하가 있다. 이들을 모두 포함하는 우주는 계속 팽창하고 있다.

우리가 살고 있는 지구는 태양계에 속해 있으며, 태양계는 태양을 중심으로 움직이는 모든 천체, 즉 8개의 행성, 44개 이상의 위성, 수많은 소행성, 혜성, 그리고 별똥별과 행성간의 물질들을 포함한다. 이들은 태양과 상호간의 만유인력으로 인해 궤도 이탈 없이 유지된다. 달은 지구의 위성으로 지구 주위를 공전하면서 자전하고, 지구는 태양 주위를 공전하면서 자전한다. 지구의 자전축은 약간 기울어져 있다. 이렇게 지구의 자전축이 기울어 자전하면서 태양 주위를 공전하는 동시작용으로 인해 계절의 변화가 생긴다. 또한 이 동시작용으로 말미암아 같은 지역에서도 계절에 따라 태양의 고도차와 온도차가 생기고 밤낮의 길이가 달라진다.

태양 주위를 돌면서 지구는 태양으로부터 강한 영향을 받는다. 이때 태양의 활동 정도는 흑점의 많고 적음을 보고 추정하는데, 흑점이 많으면 태양의 활동이 활발하다는 것을 의미한다. 태양의 흑점이 극대·극소가 되는 것은 약 10년 주기다태양의 흑점수는 측정 방법 등에 따라 달라질 수 있으니 하도와 『천부경』의 원리에 따라 약 10년 주기로 변한다고 보면 된다. 흑점이 극대가 되면 지구상에는 자기폭풍 때문에 나침반이 심하게 움직이므로 정밀한 항로가 필요한 비행기의 운항 등에 많은 어려움이 생기고, 통신이 두절되기도 하며, 극지방에서는 많은 오로라가 관측된다. 태양과 내행성태양과 지구 사이의 행성, 그리고 지구가 일직전상에 있을 때를 합合이라고 하고, 태양과 외행성태양으로부터 지구 바깥쪽에 있는 행성 사이에 지구가 일직선상으로 위치하는 때를 충衝이라고 한다. 태양의 시궤도視軌道, 즉 지구에서 보아 태양이 지구를 중심으로 운행하는 것처럼 보이는 천구상天球上의 대원大圓을 황도黃道라고 한다.

02

구체적인 적용

1. 성격 판단

사주에서 오행이 중화되고 순수하면 성격이 원만하고 온후하지만, 오행이 편중되고 혼탁하면 성격이 비뚤어지고 비굴하며 걸핏하면 성질을 부린다.

사주에 금金·수水의 기가 강하면 이성적이고 차가운 면이 많고, 반대로 목木·화火의 기가 강하면 감성적이고 들뜬 면이 많다.

신강한 사주는 독립형이고 신약한 사주는 의존형이니 예를 들어 대통령의 사주가 지나치게 신강하면 독재자가 될 것이고, 반대로 지나치게 신약하면 비서실장에게 많이 의지할 것이다.

오행 중에서 목木은 인仁, 화火는 예禮, 토土는 신信, 금金은 의義, 수水는

지智인데 그 왕쇠강약에 따라 내용이 달라진다. 예를 들어 목木이 중화를 이루고 있으면 어진 성품이 바르게 나타나지만, 태과太過이면 목다화식木多火熄 나무가 많으면 불이 꺼진다 등의 부작용이 문제가 되며, 불급不及이면 너무 여린 형상이라 진취적으로 뻗어 나가는 기상이 미약해서 문제가 된다.

합다유정合多有情 이리저리 정을 두는 것이면 지나친 사교성이 문제가 될 것이고, 충다유전冲多有戰 잦은 충돌로 전쟁이 일어남이면 투쟁적인 성격으로 인해 좋은 의미로 보아도 운동선수로서 쉴 틈이 없을 것이라고 해석할 수 있다.

또한 양인羊刃 칼이 지나치면 독한 성격일 것이고, 괴강魁罡 하늘의 우두머리 별이 이루어져 있으면 자립 정신이 강할 것이다.

■예 ―갑신甲申년 임신壬申월 계해癸亥일 경신庚申시 출생이다.

◎ ― 갑신년의 갑은 목木이고 신은 금金이다.

◎ ― 임신월의 임은 수水이고 신은 금金이다.

◎ ― 계해일의 계는 수水이고 해는 수水이다.

◎ ― 경신시의 경은 금金이고 신은 금金이다.

따라서 이 사람의 사주는 금金이 4개, 수水가 3개, 목木이 1개이다. 본인별일간은 계癸로서 수성이며, 금金·수水의 기가 강하여 신강하다. 금金·수水의 기가 강하여 이를 빼주는 목木 즉 갑甲이 용신이며 목화木火운을 기뻐한다.

✥사주를 가지고 성격 판단을 해보자.

*오행이 편중되어 성격이 편협하고 성질을 잘 낸다.

*금金·수水의 기가 강하여 이성적이고 차가운 성향을 띠는데 그 정
도가 무척 심하다.

*지나치게 신강하여 아주 자기 본위로 흐른다.

*금金은 의義이고 수水는 지智이다. 너무 정의만 부르짖는 것도 병이요,
너무 지혜만 내세우는 것도 병이다. 특히 지나치게 시시비비를 분
명히 하여 의義만 부르짖다가는 이 금金으로 용신인 목木을 금극목金
剋木하는 돌이킬 수 없는 결과를 초래할 수 있다. 이 세상은 인仁·의
義·예禮·지智·신信이 조화를 이루어야 아름다운 화음을 낼 수 있
다. 이 사람은 목木·화火의 마음을 지녀야 하는데, 목木은 인仁이요
화火는 예禮이다. 어질고 예의 바른 자세여야 개운開運할 수 있다.

2. 건강 판단

평생 무병장수할 수 있는 사람의 사주는 우선 음양이 조화를 이루
고 오행이 주류周流한다. 그러면서 중화되고 순수하다. 다음과 같이
정리할 수 있다.

① 극剋이나 충沖이 없어야 한다. 충沖이란 서로 충돌하여 둘 다 상처를 입는 것이다.

② 한寒·열熱·조燥·습濕이 중화를 이루어야 한다.

③ 용신이나 희신이 운의 흐름과 잘 어우러져야 한다.

한편 건강하지 못하고 장수하기 어려운 사람의 사주는 우선 음양이 조화를 이루지 못하고 오행이 편중되어 있으면서 혼탁하다. 다음과 같이 정리할 수 있다.

① 극剋이나 충沖이 심하다.

② 한寒 · 열熱 · 조燥 · 습濕이 고르지 못하다.

③ 용신이나 희신이 운의 흐름과 맞지 않는다.

어느 시기를 사람의 사운死運 죽을 운으로 보는가. 우선 용신이 심하게 극剋을 당하거나 충沖을 이루는 시기를 사운死運 죽을 운으로 본다. 다음과 같이 정리할 수 있다.

① 강왕격사주의 특수격 중 하나은 일간이 매우 약해지는 운과 30년 계절운이 바뀌는 접목운을 사운죽을 운으로 본다. 접목운은 '나무를 기후와 풍토가 다른 곳으로 옮겨 심는 운'이란 뜻으로 교운기라고도 한다. 접목운에는 파란이 많고 특수한 나무는 적응하지 못하여 죽어버린다.

② 종격사주의 특수격 중 하나은 종從하는 데 가장 지장이 되는 운을 사운죽을 운으로 본다.

③ 화격사주의 특수격 중 하나은 격이 파괴되는 운을 사운죽을 운으로 본다.

④ 사주의 왕신강한 오행이 입묘무덤으로 들어감하는 운을 사운죽을 운으로 본다. 예를 들어 사주에 금金이 매우 많은 경우에는 금金의 묘무덤가 되는 축丑운이 사운죽을 운이다.

■ 예 ─ 갑신甲申년 임신壬申월 계해癸亥일 경신庚申시 출생이다.

◎ ─ 갑신년의 갑은 목木이고 신은 금金이다.

◎ ─ 임신월의 임은 수水이고 신은 금金이다.

◎ ─ 계해일의 계는 수水이고 해는 수水이다.

◎ ─ 경신시의 경은 금金이고 신은 금金이다.

따라서 이 사람의 사주는 금金이 4개, 수水가 3개, 목木이 1개이다. 본인별일간은 계癸로서 수성이며, 금金·수水의 기가 강하여 신강하다. 금金·수水의 기가 강하여 이를 빼주는 목木 즉 갑甲이 용신이며 목화木火운을 기뻐한다.

❖사주를 가지고 건강 판단을 해보자.

한의학은 인간도 하나의 소우주라고 전제하면서 인체의 각 부위를 음양과 오행으로 나누어 판단한다. 즉 전해 내려오는 유력한 학설에 따르면, 인체의 오장과 육부는 각각 음과 양에 해당하고, 간과 담은 목木, 심장과 소장은 화火, 위장과 비장은 토土, 폐와 대장은 금金, 신장과 방광은 수水이다. 이때 간은 피가 집결되어 있으니 확장작용을 하려는 성질이 있어서 목木이고, 폐는 조직이 퍼져 있으니 수축작용을 하려는 성질이 있어서 금金이라는 것이다.

*금金이 매우 많다. 금金의 실實이 지나치다. 지나치면 변한다. 실實이 지나쳐 그만 허虛로 통하였다. 어릴 때부터 호흡기 계통이 약했다.
*금金처럼 수水 역시 아주 강하다. 소변이 잦고 신장과 방광이 약하다.
*목木이 약하다. 간이나 담 질환에 유의해야 한다.

*금金이 왕신강한 오행이다. 사주의 왕신강한 오행이 입묘무덤으로 들어감하
 는 운을 사운죽을 운으로 본다. 금金의 묘무덤는 축丑이다. 축丑운에 몇
 번이나 죽을 고비를 당하였다.

　질병은 예방할 수 있고 치료할 수 있다. 동양의학은 상생관계에
바탕을 둔 예방의학의 성격이 강하고, 서양의학은 상극관계에 바탕
을 둔 치료의학의 성격이 강하다. 그러나 둘 다 예방과 치료를 함께
다루며 상호보완적인 방향으로 나아가고 있다. 오늘날의 치료 형태
를 보면 식이요법 · 물리요법 · 단식요법 등의 자연요법에서 정신이
육체를 다스릴 수 있다고 보는 정신요법 · 초능력요법까지 이어지고
있다.
　사주학은 수신학修身學이다. 항상 스스로 살펴보며 다스려 나가야
한다. 하늘은 스스로 노력하는 자를 돕는다. 질병은 예방할 수 있고
치료할 수 있는 만큼 이 사람은 여생의 건강을 위하여 목木 · 화火로 다
스려 나가야 한다. 그 한 예로 동쪽에 대문을 낸 남향집을 선택하여
나무를 심고 정원을 가꾸며, 늘 따뜻하고 밝은 마음을 지니도록 노력
해야 한다.

3. 육친 판단

　사주학에서 사용하는 '육친六親'이란 용어는 부모 · 형제와 배우자
그리고 자식을 일컫는 말로 가족관계를 뜻한다. 그러므로 사주학에

서 육친 판단이라 함은 한 사람의 사주를 놓고 그 사람의 가족관계를 판단한다는 뜻이다.

과연 사주팔자만으로 육친 판단이 가능할까? 지금까지의 사주 간명看命법은 일간을 본인으로 보고 이 일간에 대응하는 각각의 간지干支에 인간관계를 부여하여 육친 판단을 해왔다. 그러나 여기에는 관점에 따라 해석이 달라질 수 있는 문제점이 있다.

예를 들어 일간이 목木인 남성의 경우 남녀 상극원리에 바탕을 둔 견해는 목극토木剋土의 관계로 토土가 아내가 될 수 있다고 하지만 남녀 동등원리에 바탕을 둔 견해는 같은 오행인 관계로 목木이 아내가 될 수 있다고 하기 때문이다.

그러므로 세간에서 거론하는 이른바 '부모덕 · 형제덕 · 배우자 덕 · 자식덕'에 대해서는 간명看命 대상자의 사주 하나만으로 논할 것이 아니라, 부모 · 형제 · 배우자 · 자식의 개별 사주와 대조하여 궁합론적인 관점에서 논해야 한다.

■ 예 —**갑신甲申년 임신壬申월 계해癸亥일 경신庚申시 출생이다.**

◎ — 갑신년의 갑은 목木이고 신은 금金이다.

◎ — 임신월의 임은 수水이고 신은 금金이다.

◎ — 계해일의 계는 수水이고 해는 수水이다.

◎ — 경신시의 경은 금金이고 신은 금金이다.

따라서 이 사람의 사주는 금金이 4개, 수水가 3개, 목木이 1개이다. 본인별일간은 계癸로서 수성이며, 금金 · 수水의 기가 강하여 신강하다. 금金 · 수水의 기가 강하여 이를 빼주는 목木 즉 갑甲이 용신이며 목화木火운을 기뻐한다.

✛사주를 가지고 육친 판단을 해보자.

본인별^{일간}이 계^癸로서 수^水이니까 이를 생^生하는 경^庚과 신^申의 금^金이 어머니이다. 왜냐하면 어머니가 자식을 생^生하기 때문이다. 경^庚과 신^申이 계^癸의 어머니인 것에 대해서는 고금^{古今}의 견해가 일치한다.

그런데 사주에는 경^庚과 신^申이 너무 많다. 너무 많은 것은 병이다. 이 사람의 어머니는 남편과 뜻을 달리하고 일찍 가정을 떠났다.

한 인간에게 자신의 육친인 부모·형제·배우자·자식은 참으로 소중한 존재이다. 이와 관련하여, 크게 보면 우주가 바로 자신의 육친에 해당한다는 견해가 있다. 이 견해는 하도와 낙서를 연결지어서 다음과 같이 설명하고 있는데, 그 내용이 무척 재미있고 또한 설득력을 가지고 있다.

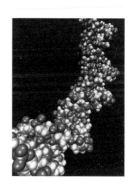

금^金·수^水는 음^陰-이고 목^木·화^火는 양^陽+인데 음^陰-과 양^陽+은 서로 짝을 이룬다. 하도의 금^金·수^水와 목^木·화^火는 나란히 평행선을 이루고, 낙서의 금^金·수^水와 목^木·화^火는 서로 교차선을 이룬다. 이러한 구조를 연결해보면, 평행선과 교차선의 2중 나선구조^{螺旋構造 helical} structure로 꼬여 있는 인체의 DNA구조가 우주의 모습을 닮아 있다.

위의 견해에 따르면 우주란 자체의 DNA구조를 이루어 변화하는 전체적인 것이고, 인간이란 그 전체적인 것을 구성하는 부분적인 것으로서 우주가 바로 인간의 육친에 해당한다. 나아가 삼라만상은 모두 자타불이^{自他不二}의 존재이다.

4. 직업 판단

사주를 보고 주인공의 직업을 추리할 수 있다.

어느 날 할머니 한 분이 필자의 사무실로 와 자신의 사주를 좀 봐 달라고 한다. 이 할머니는 생년월일시만 알려줄 뿐 신상에 대해서는 한마디도 하지 않는다.

사주를 살펴보니 연지와 월지에 의식주^{衣食住}를 뜻하는 별이 강하게 빛나고 있고 또한 같은 기둥에 학문을 나타내는 문창귀인^{文昌貴人}, 교육을 나타내는 학당^{學堂}, 우두머리를 나타내는 장성^{將星}이 나란히 배치되어 있다. 그리고 형^刑·충^沖·파^破·해^害가 없어 깨끗하다. 아울러 연지, 월지, 일지, 시지가 각각 자^子, 자^子, 사^巳, 사^巳로 맵시있게 구성되어 있다.

필자가 첫마디로 "의식주^{衣食住} 계통의 교수가 아니십니까?"라고 하니 깜짝 놀라면서 현재 대학교 외식학 교수로 재직 중이라고 한다.

사실은 필자가 그렇게 추리하면서 이런 노인이 무슨 대학교 교수일까 하는 의구심이 들었지만 사주에 나타난 대로 말한 것이 그대로 적중한 것이다.

사주를 보고 주인공의 직업을 추리하려면 사주 전체에 대한 종합적인 판단이 이루어져야 한다. 판사와 검사 그리고 의사의 사주를 예로 들어 보자.

판사가 세상 사람들의 존경을 받고 명망을 누리려면 기본적인 요건을 갖추어야 한다.

— 원고와 피고를 대할 때 예의가 있어야 하므로 본인별^{일간}이 예의를 뜻하는 화^火이면 좋고, 신의가 있고 믿음직스러워야 하므로 본인별^{일간}이 신의를 뜻하는 토^土여도 좋다. 이처럼 본인별^{일간}이 화^火나 토^土이면서 관성^{官星}과 재성^{財星}을 갖추면 판사로 적격이다. 왜냐하면 관성은 명예를 뜻하고 재성은 관성을 뒷받침해주기 때문이다.

— 지혜가 있어야 하므로 본인별^{일간}이 지혜를 뜻하는 수^水이면 좋고, 자비로워야 하므로 본인별^{일간}이 자비를 뜻하는 목^木이어도 좋다. 본인별^{일간}이 수^水나 목^木이면서 술^戌이나 해^亥가 있으면 판사로 적격이다. 왜냐하면 술^戌이나 해^亥는 하늘의 이치에 통할 수 있는 천문^{天門}이기 때문이다.

검사 또한 세상 사람들의 존경을 받고 명망을 누리려면 기본적인 요건을 갖추어야 한다. 정의감이 있어야 하므로 정의를 뜻하는 금^金이 있어야 하고 아울러 사회의 어두운 실상을 밝혀 내려는 마음가짐이 있어야 하므로 화^火가 함께 있어야 한다. 이와 같이 금^金과 화^火가 함께 있으면 검사로 적격이다.

의사들은 지지에 묘卯 · 유酉 · 술戌 중 두 가지를 갖춘 경우가 많다. 묘卯는 해가 떠오르는 동쪽으로 천지만물에 새로운 생기를 부여하고, 유酉는 해가 지는 서쪽으로 천지만물의 피로를 풀어주며, 술戌은 하늘의 이치와 통하는 천문天門으로 도道를 행할 수 있는 관문이 되어 세 가지 모두 활인업活人業과 인연이 있기 때문이다. 사람을 살리는 도道 · 의술醫術 · 점占 · 역易 · 종교宗敎 등은 활인活人에 속한다. 그리고 의사들에게는 충沖충돌 · 형刑다스림 · 양인羊刃칼이 있는 경우가 많다.

위에서 본 것처럼 사주를 보고 주인공의 직업을 추리할 수 있다. 그러나 직업은 시대와 장소에 따라 달라지므로 구체적으로 이를 알아내는 것은 무리다.

■ 예 — 갑신甲申년 임신壬申월 계해癸亥일 경신庚申시 출생이다.

◎ — 갑신년의 갑은 목木이고 신은 금金이다.

◎ — 임신월의 임은 수水이고 신은 금金이다.

◎ — 계해일의 계는 수水이고 해는 수水이다.

◎ — 경신시의 경은 금金이고 신은 금金이다.

따라서 이 사람의 사주는 금金이 4개, 수水가 3개, 목木이 1개이다. 본인별간은 계癸로서 수성이며, 금金 · 수水의 기가 강하여 신강하다. 금金 · 수水의 기가 강하여 이를 빼주는 목木 즉 갑甲이 용신이며 목화木火운을 기뻐한다.

✤사주를 가지고 직업 판단을 해보자.

*수적으로 절반을 차지하는 경庚과 신申의 금金은 의義 · 생사여탈권 ·

숙살지기肅殺之氣 차가운 기운이면서 학술 분야에 해당한다. 그래서 정의를 추구하는 법학에 선천적인 인연을 지니고 태어났다. 그리고 본인별일간이 수水이면서 해亥가 있으니 판사로 적격이다. 그러나 관성官星이 뚜렷하지 않으니 제약 속의 명예를 좋아하지 않으며 재성財星이 없으니 세속적인 욕망에서 떠나 있다.

*금金과 수水가 어우러져 깨끗하고 맑은 기상을 펼친다. 그리고 금생수金生水의 원리에 따라 금金으로부터 발원한 수水의 기세가 드높다. 이 수水는 지智 · 외유내강外柔內剛 · 순리順理이면서 주체성이다. 이 드높은 수水의 기세를 목木과 화火로 이어나가 목화통명木火通明으로 세상을 밝히는 일이 어울린다.

*사주를 그림의 형태로 형상화시켜서 이것으로 직업을 논해보자. 연지와 월지에 있는 금金은 둘 다 자신의 천간으로는 투출하지 못했으므로 이 2개를 합쳐서 음陰으로 본다. 그리고 시지에 있는 금金은 자신의 천간인 시간의 금金으로 투출하였으니 이 2개를 합쳐서 양陽으로 본다. 사주의 형상이 음양陰陽으로부터 일주와 월간의 수水로 뻗어나가서 연간의 목木으로 청기淸氣를 설한다. 그러니 음양오행陰陽五行을 다루는 사주학자이다.

젊은 시절에 인연을 맺었던 '맥주'나 '온천' 역시 금金인 바위와 수水인 물에서 비롯한 것이다. 만일 외교관으로 나갔더라면 음陰인 북한과 양陽인 남한의 통일을 위해서 국제무대에서 멋지게 활약하여 동방목국東方木國을 일으켜 세우고 조국을 빛나게 했을 것이다.

5. 행운 판단

행운行運 판단이란 —— 사주를 운로運路 즉 운의 흐름에 비추어 인생사의 길흉화복을 논하는 것이다. 사주란 좁게 보면 화단에 뿌려진 꽃씨 하나이지만, 넓게 보면 우주 속의 태양계에 새로 등장한 하나의 소행성이다. 이 소행성은 자전과 공전을 거듭하며 계절운, 대운大運, 연운年運, 월운月運, 일운日運, 시운時運의 흐름으로 이어지는데 시시각각 그 모습이 변화한다. 행운行運 판단은 바로 이러한 변화를 파악하는 것이다.

계절운 · 대운 · 연운 · 월운 · 일운 · 시운이란 —— 계절운이란 봄30년운, 여름30년운, 가을30년운, 겨울30년운이다. 계절운은 3개의 대운으로 이루어진다. 따라서 대운이란 계절운 안에서 10년마다 새롭게 펼쳐지는 운이다. 사주가 같아도 남성과 여성은 대운의 흐름이 다르다. 연운이란 1년마다 펼쳐지는 운이고, 월운이란 매월마다 펼쳐지는 운이며, 일운이란 매일 펼쳐지는 운이고, 시운이란 시간마다 펼쳐지는 운이다.

접목운이란 —— 봄30년이 가면서 여름30년이 오는 시기, 여름30년이 가면서 가을30년이 오는 시기, 가을30년이 가면서 겨울30년이 오는 시기, 겨울30년이 가면서 봄30년이 오는 시기의 운이다. 다시 말하면 접목운이란 30년 계절운이 바뀔 때의 운이다. 마치 나무를 기후와 풍토가 다른 곳으로 옮겨 심는 것과 같기 때문에 붙여진 이름이다. 사주학에서 오행을 계절로 나타내면 목木은 봄, 화火는 여름, 금金은 가을, 수水는 겨울이다. 그러므로 오행으로 이야기하면 접목운이란 목木운과 화火운, 화火운과 금金운, 금金운과 수水운, 수水운과 목木운이 교차하는 기간 즉 환절기의 운이다. 환절기가 되면 여러 가지 변화가 일어난다. 예를 들어 겨울이 가면서 봄이 오는 시기를 보자. 따사로운 햇빛과 물오른 봄의 생기는 사람들을 집 밖으로 불러내지만, 꽃샘추위와 황사는 방 안에 머물게 만든다.

접목운은 교운交運, 즉 기의 교차가 이루어지는 운이므로 길운과 흉운이 들락날락한다. 길운이 오기 전인데도 길함이 발생할 수 있고, 흉운이 지나갔는데도 흉함이 생길 수 있다.

사주가 같은 사람은 운명이 같을까? —— 출생 시점을 놓고 사주를 판단하지만, 출생 시점 그 자체는 시각의 나열에 불과하여 아무런 의미가 없으므로 이것을 주체와 결부시킬 필요가 있다. 예를 들어 서기 2000년 5월 15일 12시 정각에 태어난 나비·사슴·인간은 사주가 같지만 운명이 같지 않다. 각각 나비·사슴·인간으로서 서로 다른 일생을 살지 않겠는가.

이러한 논리는 사주가 같은 사람에게도 마찬가지다. 그러므로 사주는 주체가 되는 개인과 결부시켜 판단해야 한다. 개인마다의 현실적인 차이를 고려하지 않은 사주 판단은 추상적인 추리에 그치고 만다.

행운行運 판단의 요체 —— 행운行運 판단이란 사주를 운로運路 즉 운의 흐름에 비추어 인생사의 길흉화복을 논하는 것이다. 운의 흐름은 이를 간지干支로 나타내고, 주로 대운과 연운을 다루며, 일반적으로 대운은 지지를 중시하고 연운은 천간을 중시한다. 행운行運 판단의 요체는 수水와 화火의 관계, 나아가 금金·수水와 목木·화火의 관계를 살피는 것이다. 금金·수水는 수축·통합 작용이요, 목木·화火는 확장·분산 작용이다. 이 두 가지 작용이 잘 순환되어야 생기가 돈다. 사주에 금金·수水가 많으면 목木·화火운으로 흐르는 것이 좋고, 반대로 목木·화火가 많으면 금金·수水운으로 흐르는 것이 좋다. 금金·수水를 지닌 토土는 목木·화火를 기뻐할 것이고, 목木·화火를 지닌 토土는 금金·수水를 기뻐할 것이다. 그러나 아무리 좋고 기뻐하는 운이라도 이것이 세력을 갖추어 충沖의 형태로 기존 질서를 파괴하면 바로 죽음으로 이어질 수 있다.

지금까지 등장한 갑신甲申년 임신壬申월 계해癸亥일 경신庚申시 출생인 사람의 사주는 금金·수水가 많으니 목木·화火운으로 흐르는 것이 좋다. 그러면 실제로는 어떠한가?

대운의 경우 천간天干은 대부분 목木·화火로 흐르고 있지만 지지地支는 대부분 금金·수水로 흐르고 있다. 즉 천간天干과 지지地支의 흐름이 다른 것이다. 이럴 때는 행운 판단을 어떻게 해야 하는가? 대운은 지지를 중시하므로 이럴 때는 천간의 목木·화火가 지지의 금金·수水 때문에 꽃을 피우지 못하는 것으로 본다. 이렇게 볼 때 행운은 겉으로만 목木·화火의 아름다움을 나타낼 뿐, 그 바탕은 계속 금金·수水의 차가운 기로 이어져 외화내빈外華內貧의 형상이다.

대운의 지지가 목木·화火로 흐르는 것은 55세 이후이므로 만년晩年

에 비로소 꽃을 피우는 것으로 본다. 사실 이 사람은 대운의 지지가 목木인 무인戊寅대운을 맞이하여 크게 도약할 수 있었다.

인생이란 10년 단위의 꿈이 이어지는 것이라고 볼 수 있다.

높은 이상을 품고 만인의 신망을 누리던 희망찬 갑술甲戌대운의 10년이 있었는가 하면, 여러 곳의 산사山寺를 찾아 떠돌다가 그만 절 향기에 젖어든 을해乙亥대운의 10년이 있었다. 기업체와 인연을 맺은 병자丙子대운의 10년이 있었는가 하면, 공직과 연분이 닿은 정축丁丑대운의 10년이 있었다.

무인戊寅대운을 지나서 지금의 기묘己卯대운에 이른다. 그 다음은 경진庚辰대운이다.

경진庚辰대운 경자庚子년을 보면 금金·수水가 하늘로 치솟는다. 어디로 갈 것인가?

인생은 유한하다.

요동 사람 정령위는 영허산에서 도를 배워 신선이 되었다. 후에 800년 만에 학이 되어 다시 요동으로 돌아오니, 예전에 알던 사람들은 모두 죽고 무덤만 빽빽이 남아 있었다. 그래서 그는 허공을 배회하며 슬피 울고는 하늘로 날아 올라갔다. 덧없는 인생, 그렇다고 신선이 되어 홀로 천만년을 산들 무슨 뜻이 있겠는가.

사람의 한평생이란 불변의 개체인 '나我'를 꿈꾸는 사람에게는 한낱 덧없고 허망한 꿈에 불과하다. 그렇지만 이러한 개체사상에서 벗어나 불이不二의 경지에 이른 사람은 생멸生滅을 벗어난 영원한 자유를 노래한다.

생멸生滅이란 무엇인가?

물이 얼음으로 변하면 물은 멸滅이고 얼음은 생生이다. 얼음이 물로 변하면 얼음은 멸이고 물은 생이다. 그러나 두 물질은 자신의 모습을 바꾸지만 등가원리等價原理로 존재한다. 이처럼 삼라만상은 자신의 모습을 바꾸지만 불생불멸不生不滅이다.

여기 저녁에 하늘을 우러르는 사람이 있다. 하루의 삶을 마무리하는 시간이다. 일 년으로 치면 만추晚秋이고 인생으로 치면 초로기初老期이다. 김광섭金珖燮 시인은 곧 어둠 속으로 사라질 한 생명의 실루엣을 '저녁에'로 그려낸다.

저녁에

저렇게 많은 중에서
별 하나가 나를 내려다본다
이렇게 많은 사람 중에서
그 별 하나를 쳐다본다
밤이 깊을수록
별은 밝음 속에 사라지고
나는 어둠 속에 사라진다
이렇게 정다운
너 하나 나 하나는
어디서 무엇이 되어

다시 만나랴

시인은 너와 나가 사라지면서 모습을 바꾸어 다시 만나는 생멸生滅
의 모습을 그려낸다.

도종환都鍾煥 시인은 사후死後의 재회再會를 흙과 바람으로 그려낸다.

옥수수밭 옆에 당신을 묻고

견우직녀도 이 날만은 만나게 하는 칠석날
나는 당신을 땅에 묻고 돌아오네
안개꽃 몇 송이 함께 묻고 돌아오네
살아 평생 당신께 옷 한 벌 못 해주고
당신 죽어 처음으로 베옷 한 벌 해 입혔네
당신 손수 베틀로 짠 옷가지 몇 벌 이웃께 나눠주고
옥수수밭 옆에 당신을 묻고 돌아오네
은하 건너 구름 건너 한 해 한 번 만나게 하는 이 밤
은핫물 동쪽 서쪽 그 멀고 먼 거리가
하늘과 땅의 거리인 걸 알게 하네
당신 나중 흙이 되고 내가 훗날 바람 되어
다시 만나지는 길임을 알게 하네
내 남아 밭 갈고 씨 뿌리고 땀 흘리며 살아야
한 해 한 번 당신 만나는 길임을 알게 하네

시인은 위의 김광섭처럼 너와 나가 사라지면서 모습을 바꾸어 다시 만나는 생멸의 모습을 그려낸다. 두 시인 모두 생멸을 영원한 사랑의 율동이라고 노래한다.

03

김치 金緻

인조반정이란 1623년 서인^{西人} 일파가 광해군 및 대북파^{大北派}를 몰아내고 능양군^{綾陽君} 종^倧 인조을 왕으로 옹립한 사건이다.

선조의 뒤를 이어 왕위에 오른 광해군은 당론의 폐해를 통감하고 이를 초월하여 좋은 정치를 해보려고 애썼으나, 자신이 대북파의 도움을 받아 왕위에 올랐기 때문에 뜻을 펼 수 없었다. 처음에는 이원익·이항복·이덕형 등 명망 높은 인사를 조정의 요직에 앉혀 어진 정치를 행하려 하였으나, 이이첨·정인홍 등 대북파의 무고로 친형 임해군과 이모제 영창대군을 죽였으며, 또 계모인 인목대비를 유폐하는 패륜을 자행하였다. 이와 같은 광해군의 실정이 계속되어 기강이 문란해지자 서인의 거두인 김유, 이괄, 이귀, 신경진_{신립 장군의 아들}, 심기원 등이 난정을 바로잡기 위해 반정을 모의, 1623년 3월 21일을 거사일로 정하고 모든 계획을 추진하였다.

그러나 반정 주모자들은 거사를 주도하면서도 성패를 알 수 없어

불안할 수밖에 없었다. 그래서 그들은 당시 사주에 밝다고 알려진 김
치金緻의 판단을 따르기로 했다.

심기원이 김치를 찾아갔다.

김치는 안동 출신으로, 호號는 남봉南峰이며, 그 유명한 진주대첩의
용장인 김시민 장군의 후손으로, 선조 30년 알성시에 급제하고, 광해
군 때 참판을 지내다가 병을 핑계로 물러났다.

김치가 심기원이 가져온 여러 사람들의 사주를 상위에 펴놓고 하
나 하나 차례로 보더니 갑자기 놀라며, "모두 장래에 재상이 될 운수
이니, 참으로 이상한 일이오. 그대도 또한 머지않아 재상이 되겠소이
다"라고 하였다.

심기원이 곧 능양군의 사주를 내 보이며 말하기를,

"이 사람은 궁박한 선비인데 그대에게 앞날의 운을 물어봐 달라고
원하였습니다" 하니,

김치가 오랫동안 자세히 보다가 급히 일어나 의관을 바로 잡고 향
을 피우고는 꿇어 앉아서 그 사주를 다시 보았다.

심기원이 말하기를,

"어찌하여 이 사람의 사주를 보면서 존경을 표하는 것이 그토록 지
극합니까?" 하자,

김치가 말하기를,

"이 사람은 임금이 되실 분인데 어찌 감히 공경하지 않을 수 있겠
소?"라고 대답하였다.

심기원이 거짓 놀라는 체하며 말하기를,

"멸족을 당할지도 모르는데 어찌 그런 위험한 말씀을 쉽게 하십니까?" 하자,

김치가 곧 일어나 절을 하고 말하기를,

"지금 여러분들의 사주를 보니, 분명히 반정을 도모하지 않는다면 이렇게 여러 사람이 한번에 부귀영화를 누릴 수 없습니다. 지금 흉악한 간신들이 모여 폐모시키는 일까지 저지르고 윤리와 기강이 끊어졌습니다. 진실로 나라를 걱정하는 사람이라면 이 어지러움을 다스리고 반정을 할 마음을 갖지 않겠습니까? 나는 택일할 줄도 아는데, 그대들은 거사일을 언제로 잡았오?" 하니,

심기원이 더 속일 수 없음을 알고 곧 말하기를,

"3월 21일을 거사하는 날로 잡고 있습니다" 하였다.

김치가 오랫동안 생각하다가 말하기를,

"3월 21일은 좋은 날이라고 할 수 없습니다. 지금 이 거사는 매우 큰 일이니, 실로 죽이고 부수고도 복덕을 받는 날이 아니면 안됩니다. 내 생각으로는 3월 12일보다 더 좋은 날이 없습니다. 이 날은 비록 밀고가 있어도 크게 우려할 일이 못됩니다"라고 하였다.

심기원이 이 말을 여러 사람들에게 전하고 그 결과 거사일을 3월 12일로 바꾸었다.

도중에 이이반의 누설로 탄로될 위기에 놓였으나 예정대로 거사를 단행하였다. 이서는 장단長湍에서, 이중로는 이천伊川에서 군사를 일으켜 홍제원弘濟院에서 김유의 군대와 합류하였다. 이 군대를 능양군이 친히 거느리고 이괄을 대장으로 하여 12일 밤에 창의문으로 진군

하여 훈련대장 이흥립의 내응으로 반정군은 무난히 궁궐을 점령하였다. 이어 왕대비_{인목대비}의 윤허를 얻어 능양군이 왕위에 올랐다.

이런 일로 김치_{金緻}는 정사공신_{靖社功臣}의 호를 받고, 안동부사_{安東府使}가 되었으며, 후일 관찰사를 역임하였다.

김치_{金緻}의 시_詩

한라산에 올라	登漢拏山 등 한 라 산
구름속으로 돌사다리 딛고 걸음마다 조마조마	石登穿雲步步危 석 등 천 운 보 보 위
비갠 뒤 날씨 아직 맑지 않아	雨餘天氣未晴時 우 여 천 기 래 청 시
봄 지나도 산 높이 눈 쌓였고	山高積雪經春在 산 고 적 설 경 춘 재
드넓은 바다엔 온종일 바람이 부네	海闊長風盡日吹 해 활 장 풍 진 일 취
학을 타면 현포_{신선계}길 잃지 않을 터	鶴駕不迷玄圃路 학 가 불 미 현 포 로
봉소 불며 적송자_{도사}를 만날까 기다리네	鳳笙留待赤松期 봉 생 류 대 적 송 기

마침내 도술을 배우느라   終令學得餐霞術
                                            종 령 학 득 찬 하 술

인간세계에 돌아갈 날 늦은들 어떠리   歸去人間莫恨遲
                                            귀 거 인 간 막 한 지

04 이석영李錫暎

　우리나라의 사주학 대가大家로 이석영李錫暎을 꼽을 수 있다. 이석영은 1920년 평안북도 삭주군에서 부농의 아들로 태어났다. 어린 시절부터 한학과 역학에 조예가 깊었던 조부의 가르침을 받았다. 1948년 월남하여 충북 청주에서 몇 년간 살다가 그 후 서울로 옮겨와 살았는데 1983년 사망하였다. 이석영은 『사주첩경四柱捷徑』을 저술하였다. 6권으로 이루어졌으며, 1948년부터 약 20년간의 연구와 실제사례 수집을 거쳐 1969년에 완성되었다.

　『사주첩경』은 한국에서 『동의보감』과 같은 역사적 의의를 지니고 있다. 허준이 『동의보감』을 저술함으로써 조선의 의학이 중국의 권위로부터 독립할 수 있었듯이, 이석영李錫暎이 『사주첩경』을 저술함으로써 한국의 사주학이 중국의 권위로부터 독립할 수 있었다. 이 책이 나오기 전에 한국에서 사주학을 배우려면 중국의 원전에 의지해야만 했다. 그러나 중국의 원전을 해독하려면 웬만한 한문 실력 없이는 불가능하다. 단순한 글자 해석도 쉽지 않고, 나아가 그 내용을 완벽하게 이해하기는 더더욱 어려운 일이다. 더군다나 이들 원전에 등장하는 사례들이 거의 중국 사람들을 다루고 있고, 시대적으로도 몇백 년 전 상황이라서 오늘날 우리나라의 상황과는 여러 면에서 거리가 있다. 『사주첩경』은 중국의 여러 원전에서 소개한 요점만을 요령 있게 추려서 이를 한글로 정리했기 때문에 원전 읽기의 부담을 덜어주었다. 또한 우리나라 사람들을 대상으로 한 임상사례들을 소개하고 있으므로 훨씬 현실감 있게 느껴진다.

『사주첩경』에 다음과 같은 이야기가 실려 있다.

기묘己卯년 음력 7월 어느 날이었다. 나는 친구와 함께 그 당시 사주의 명인이라고 명성이 자자한 김 선생님을 찾아갔다. 가서 보니 장님인지라 내심으로 '눈먼 사람이 보면 얼마나 잘 보겠느냐' 싶었다. 대뜸 친구가 "제 사주한번 봐주시오" 하고 말을 건넸다. 그러니까 김 선생님은 "사주를 불러보시오"라고 했다. 친구가 "병진丙辰 신축辛丑에 임신壬申 임인壬寅이외다"고 하니 김 선생님은 "자세히 들어보시오" 하더니 "아버지는 절뚝발이이고 부인은 장님이라. 어찌 한집안에 병신이 둘이냐"고 하였다. 친구가 "아버지는 그렇지만 부인은 그렇지 않소이다" 하니 김 선생님은 "신사辛巳년에 가 보시오"라고 하였다. 그 후 과연 신사辛巳년에 장님이 되고 말았다. 내가 매형의 사주〈무신戊申년 정사丁巳월 기묘己卯일 경오庚午시〉를 불러주었더니 "금년을 못 넘기고 죽을 사람의 사주라"며 더 이상 봐주지를 않다가 내 사주를 듣고는 "후일 남방으로 가서 사주로 이름을 날릴거요"라고 했는데 그 후 예언이 모두 정확하게 맞았다.

위의 김 선생님 예언대로 후일 이석영이 남방으로 와서 사주로 이름을 날리면서 세상 사람들의 사주를 봐준 예를 간단히 살펴보기로 하자. 한자표기는 이를 가급적 생략하였으니 그냥 술술 읽어서 사주풀이의 요체만 이해하기 바란다.

■ 갑인甲寅년 임신壬申월 을해乙亥일 병술丙戌시 출생/여성

◎ ─ 목화木火가 잘 통명하였으므로 문명의 기상을 타고 났다.

◎ ─ 모든 사리에 매우 밝으며 마음이 비단결 같고 말이 곱다.

◎ ─ 역마에 충을 놓아 채찍질하니 집 이사함이 매우 빈번하다.

◎ ─ 해외땅 만리 길에도 반드시 살아봄이 있다.

◎ ─ 관성 신申이 인寅과 충형되어 남편궁은 아주 부실하다.

◎ ─ 수水는 양서늘함하고 목木은 풍바람인데 수목왕水木旺으로 양병과 풍병으로 몹시

　　앓았다.

◎ ─ 자녀를 낳은 후로 그 수목水木이 병화丙火로 뽑혀 지병인 양병과 풍병은 깨끗이

　　나았다.

◎ ─ 식신인 병화丙火가 재성인 술토戌土를 생하여 재복은 유족하다.

◎ ─ 또다시 식신이 백호살에 있어 아들이 횡사의 운명이다.

◎ ─ 일병一丙은 입묘요 일병一丙은 충형인데 또다시 왕旺한 수水가 달려와 화火를 극

　　한다.

◎ ─ 아들 둘이 있으나 식신 하나가 워낙 상하여 아들 하나만 임종한다.

◎ ─ 술해戌亥가 천문성되어 노래 염불 지극히 하며 산다.

■ 계해癸亥년 정사丁巳월 계묘癸卯일 갑인甲寅시 출생/여성

◎ ─ 여자 운명에 상관이 왕旺하면 부도지흉여자로서 나아갈 길이 험난함이라고 말한다.

◎ ─ 사주에 상관인 갑목甲木이 솟아 올라 상관투명傷官透로 기생득명기생이 됨이다.

◎ ─ 사랑에 속고 돈에 속아 고운 얼굴에 눈물이었더냐.

◎ ─ 사주에 역마인 관성이 합하니 국제연애도 있어 본다.

◎ ─ 그런데 그 역마인 관성이 충극을 맞고 있다.

◎ ─ 북방으로 여행하는 길에 차안에서 애인이 사고로다.

◎ ─ 그리고 또 해운대에서 정사情死를 맹서한 적도 있다.

◎ ─ 그 애인은 그만 황천길 가고 나 홀로 이 세상에 남아 있다.

◎ ─ 밤마다 밤마다 꿈자리에 그 원한의 정情을 호소한다.

◎ ─ 몸에 병이 끊이질 않아 신경이 매우 쇠약해졌다.

◎ ─ 사주에 상관과 식신이 명明과 암暗으로 혼합했다.

◎ ─ 백로가 오리 새끼를 키우니 남이 낳은 자식을 기른다.

■ 경오庚午년 기축己丑월 신유辛酉일 무술戊戌시 출생/남성

◎ ─음과 양이 조화를 이루어 강함과 부드러움을 아울러 갖추었다.

◎ ─ 생일과 생월이 생하고 합하니 이웃 친족과 화목하다.

◎ ─ 인이 정 편의 혼합을 이루어 어머니 외에 또 어머니가 있다.

◎ ─ 신유辛酉일에 태어나 천문성인 술戌을 만나니 손에 약침을 쥔 의사로다.

◎ ─ 생일에 음착살을 놓아 외삼촌이 쇠몰이다.

◎ ─ 생일과 생시가 생하고 합하니 아내는 어질고 자식은 효도한다.

◎ ─ 연年의 말과 월月의 소가 원진을 이루어 할아버지와 아버지가 따로 떨어져 살
    았다.

◎ — 오술^{午戌}의 관국과 무술^{戊戌}의 인수가 있으니 부^富와 귀^貴를 다 누리겠다.

◎ — 편인인 축^丑이 술^戌을 만나므로 할아버지가 횡액을 당한다.

◎ — 소가 할아버지를 들이받아 할아버지가 황천 세계로 갔다.

◎ — 만약 이런 일이 없으면 어머니가 개한테 물려 세상을 뜬다.

◎ — 비견과 비겁이 혼합을 이루어 부모가 다른 형제가 있다.

8

오상아(吾喪我)

내가 나를 잊었다

오상아吾喪我란 『장자莊子』의 〈제물론齊物論〉
에 나오는 말로 '내가 나를 잊었다'는 것이
다. 그 구체적인 이야기를 살펴보기로 하자.

　제자 언의 스승 자기가 책상에 기대앉아서 하늘을 쳐다보며 긴 한숨을
내쉬었다. 멍하니 앉아 있는 모습이 마치 자기 몸과 마음을 다 잊은 것 같
았다.

　그 앞에서 모시고 서 있던 제자 언이 물었다.

　"어찌 된 일입니까? 몸은 마른 나무 같고 마음은 식은 재 같지 않습니까?
지금 책상에 기대앉아 계신 분은 이전에 이 책상에 기대앉아 계시던 그 분
이 아니십니다."

　스승 자기가 말했다.

"언아, 참 잘보았구나. 지금 내가 나를 잊었다. 그런데 네가 그 뜻을 알 수 있을까? 너는 사람이 부는 퉁소 소리를 들어 보았겠지만 땅이 부는 퉁소 소리는 들어 보지 못했겠지. 설령 땅이 부는 퉁소 소리를 들어 보았을지 모르지만 하늘이 부는 퉁소 소리는 들어 보지 못했을 것이다."

오상아는 『장자』의 핵심 개념이다. 그러면 '내가 나를 잊었다'의 참뜻이 무엇일까? 이것을 알기 위해서는 『장자莊子』의 〈응제왕應帝王〉에 나오는 다음의 이야기를 살펴볼 필요가 있다.

정鄭나라에 계함이라는 신통한 무당이 있었다. 사람이 죽고 사는 것, 화나 복을 받는 것 등 제반 인생사를 날짜까지 적중해서 알아맞히는 게 꼭 귀신 같았다. 정나라 사람들은 그를 보면 도망을 갔다. 그러나 열자는 계함을 만나 보고 심취해서 돌아와 스승 호자에게 아뢰었다.

"제가 처음에는 선생님의 도道가 지극하다고 생각했습니다만, 지금 보니 그보다 더한 도가 있습니다."

호자가 말했다.

"나는 너에게 도의 껍데기만 가르치고 아직 그 알맹이는 가르치지 않았다. 그런데도 너는 내가 가르치는 도를 다 터득했다고 생각했단 말인가? 어디 한번 그 무당을 데리고 와 나를 보게 해보아라."

열자가 무당과 함께 호자를 만났다. 무당은 호자의 관상을 보고는 얼이 빠져 앉지도 않고 달아나 버렸다. 호자가 말했다.

"따라가서 데리고 오너라."

열자가 따라갔으나 잡지 못하고 되돌아와 호자에게 아뢰었다.

"없어져 버렸습니다. 간 곳을 몰라 따라갈 수가 없습니다."

호자가 말했다.

"아까 나는 그 무당에게 내가 근원에서 아직 나오기 이전의 본모습을 보여 주었다. 나는 그 근원 속에서 나를 비워 사물의 변화에 그대로 따라, 내가 누구인지 모른 채, 바람 부는 대로 나부끼고, 물결치는 대로 흘렀지. 그래서 그가 달아나 버린 것이다."

오상아吾喪我 즉 '내가 나를 잊었다'의 참뜻은 위의 이야기에서 호자가 마지막에 말한 내용에 담겨 있다. 오상아吾喪我란 개체인 오吾와 아我를 벗어나 전체인 불이不二로 접어든 것이다. 그러니 '오吾'는 어떤 '나'이고 '아我'는 어떤 '나'인지를 따질 필요가 없다.

선禪

장자의 사상이 당대唐代에 와서는 선禪불교를 꽃피우는 직접 계기가 되었다.

9세기의 임제臨濟 ?~867 선사는 장자의 진정한 계승자라고 볼 수 있다. 그는 대표적인 선종禪宗의 유파인 임제종의 개조開祖이다.

선禪이란 참생명인 마음의 본래 자리를 깨치는 일이다. 설명이나 이해의 방법이 아니라 단도직입적으로 마음의 실상을 여실히 보는 일이다. 보면 그 자리에서 깨닫는다. 이를 도우려고 선문답을 하고 코를 비틀며 뺨을 때리고 고함을 치며 방망이로 때리는 등의 행위를 한다.

정상좌라는 스님이 임제 선사에게 물었다.

"불교란 무엇입니까?"

임제 선사는 벌떡 일어나 정상좌의 멱살을 잡고 따귀를 때리며 밀어 젖혔다. 정상좌는 멍하니 서 있을 뿐이었다. 옆에 있던 스님이 한마디 거들었다.

"정상좌, 문답은 끝났네. 절 하고 내려가야지."

정상좌는 이 말을 듣고 절 하는 순간 깨쳤다.

깨달은 사람은 이러저러한 경계를 벗어나 대자유인이 된다. 그의 세계는 무한히 넓어 한정이 없다. 그 속에 존재하는 모든 사물은 평등해서 우열이 없고, 귀천도 없고, 친소親疏도 없고, 시비도 없다. 대립과 갈등 그리고 투쟁이 없는 평화만이 있을 뿐이다. 모든 존재가 하나로 통일되어서 남을 위하는 것이 자기를 위하는 것이고 자기를 위하는 것이 남을 위하는 것이므로 내게도 남에게도 한없이 자애롭다.

복낙원復樂園

지금까지의 이야기를 요약하면 인류는 '오상아吾喪我'를 통해서 깨달음을 이루어 아담과 하와가 살던 낙원으로 되돌아갈 수 있다는 것이다. 예수의 '죽음과 부활'이 무엇을 의미하는가? 이는 바로 인류가 오상아^{吾喪我}를 통해서 구원받을 수 있다는 계시^{啓示}이다.

영국의 시인 밀턴^{Milton} _{1608~1674}은 아담과 하와의 낙원추방을 묘사한 서사시 실낙원^{失樂園} Paradise Lost과 그 속편 서사시 복낙원^{復樂園} Paradise Regained을 읊었다. 복낙원은 예수가 사탄을 거꾸러뜨려 인간이 잃었던 낙원을 되찾는 것을 묘사한 작품이다. 인간이 잃었던 낙원을 되찾으면 어떤 결과가 일어날까? 생사^{生死}를 자유자재로 넘나든다. 왜냐하면 시비^{是非}를 벗어났기 때문이다. 이런 견지에서 중국 당나라의 정사^{正史}인 당서『唐書』에 나오는 원관^{圓觀} 스님의 이야기를 새겨듣기로 하자.

약 9년 동안 중국 당나라를 뒤흔든 안록산의 난 때, 장안을 지키다 순국한 이징^{李澄}이 있었다. 난이 끝나고 나라에서 그의 아들 이원^{李源}에게 벼슬을 주려 했다. 그러나 이원은 이를 거절하고 자기는 도를 닦겠다면서 자기의 큰 집을 혜림사^{蕙林寺}로 만들었다. 이 혜림사에 원관^{圓觀}이라는 스님이 들어와 이원과 함께 지냈다. 어느 날 두 사람이 같이 아미산 천축사를 구경하러 갔다. 가던 중 어느 길가에서 원관 스님이 이원에게 "나는 죽어서 저 여인의 아들이 될 것이오. 태어난 지 사흘 후에 당신이 찾아오면 당신을 보고 방긋거릴 테니 그리 아시오. 그리고 그후 12년이 지나면 천축사로 다시 오시오" 하고는 그 자리에 앉아서 입멸^{入滅}하였다. 원관 스님의 말이 너무 이상해서 얼마 지난 뒤 이원이 그 여인을 찾아가 보니 그 여인이 사흘 전에 낳았다는 남자아기가 이원을 보고 방긋거리고 있었다. 그후 12년이 지나서 이원은 천축사로 다시 갔다. 갈홍천葛洪川에 이르자 달빛이 휘영청 밝은데 한 아이가 소를 타고 노래를 부르며 오고 있었다. 이원이 멈칫거리는 사이에 아이가 "이 처사는 참으로 믿을 만한 사람이오"하면서 이어서 다음과 같은 노래를 부르며 멀어져 갔다.

부끄럽구나 정든 사람이 멀리서 찾아오니
이 몸은 비록 다르나 자성은 그대로인 것을
전생 금생 일들이 얽히고설켜 끝이 없으니
인연을 말함에 창자가 끊어질까 두렵구나.

소를 타고 노래를 부르는 아이는 두말 할 것도 없이 돌아가신 원관 스님의 후신이다. 그러니까 원관 스님은 잃었던 낙원을 되찾아 생사生死를 자유자재로 넘나든 인물이었다는 이야기이다.

보시布施

오상아吾喪我를 이루는 제1의 실천 덕목은 보시布施이다. 보시란 널리 다른 이에게 아무런 조건 없이 자비의 마음으로 베풀어 주는 것이다. 보시는 오吾나 아我를 떠난 이타정신利他精神의 극치가 행위로 나타난 것이어서 오상아吾喪我와 이웃사촌이다. 그 결과 보시布施→ 오상아吾喪我→ 낙원paradise으로 이어진다. 따라서 속된 말로 '팔자 고치기'의 행동양식 중 으뜸은 보시이다.

보시는 사회에 대한 봉사활동 전체를 의미하므로 그 종류를 다 열거할 수 없다. 그러나 보통 재시財施, 법시法施, 무외시無畏施로 대별한다.

재시는 스스로 인색하고 탐욕한 생각을 버려서 구하는 이에게 재물을 베풀어 그가 기쁨을 얻게끔 하는 것이다.

법시는 구하는 이에게 좋은 방편을 써서 진리를 전달하여 그가 밝음을 누리도록 하는 것이다.

무외시는 다른 이를 공포와 두려움으로부터 구출하여 그가 안정과 평화를 되찾도록 하는 것이다.

보시에는 보시하는 이, 보시받는 이, 보시의 목적물이라고 하는 삼륜상三輪相을 없애고 무심無心으로 행하는 보시가 청정하고 참다운 보시라고 한다. 그러나 다음과 같이 이타정신利他精神이 나타난 것이면 이를 청정하고 참다운 보시와 비슷하게 다룰 수 있을 것이다.

- 나에게 가까이 오는 사람에게 행하는 보시
- 재물이 없어지거나 못 쓰게 될 것을 걱정해서 차라리 잃어 버리지 않으려고 행하는 보시
- 먼저 보시를 받은 은혜를 갚기 위하여 그에게 도로 행하는 보시
- 지금 그에게 보시하고 다음에 그에게서 보시 받기를 바라며 행하는

보시

- 조상에게 배워서 행하는 보시

- 하늘에 태어나기를 바라며 행하는 보시

- 좋은 소문이 나기를 바라며 행하는 보시

- 웅장하고 위엄이 있으며 엄숙한 마음을 얻어 열반의 즐거움을 누리기
  를 바라며 행하는 보시

 '나는 아무 것도 가진 것이 없으니 어떻게
보시를 하지?'라고 생각할 수 있다. 그러나
나에게는 몸과 마음이 있지 않은가. 다음은
어느 누구나 빠짐없이 할 수 있는 보시의 예
이다.

- 신시身施 : 육체적인 노력으로 도움을 준다.

- 심시心施 : 상대방의 입장이 되어 정다운 마음으로 진심을 준다.

- 자안시慈顏施 : 자비에 찬 다정한 얼굴로 대한다.

- 화안시花顏施 : 꽃처럼 아름다운 얼굴로 대한다.

- 애화시愛話施 : 사랑스런 대화로 대한다.

- 양보시讓步施 : 길·자리·물건·권리 따위를 사양하여 남에게 미루어
  준다.

- 협조시協助施 : 힘을 모아 서로 도와준다.

괴테Goethe 1749~1832는 『파우스트Faust』에서 '참으로 여성적인 것이 우

리를 구원한다Das Ewig-Weibliche zieht uns hinan'고 하였다. 우리는 보시가 바로 참으로 여성적인 것Das Ewig-Weibliche이어서 이것이 우리를 낙원 paradise으로 안내한다고 보면 된다.

9
결합(結合)

하나가 되는 것

결합結合이란 둘 이상의 사물이나 사람이
서로 관계를 맺어 하나가 되는 것이다.

사물의 경우 예를 들어 수소와 산소의 결
합으로 물이 이루어진다.

사람의 경우 예를 들어 남자와 여자의 결합으로 부부가 이루어진
다.

결합은 견고한 매듭으로 조화로운 하나를 이루어 낸다. 그래서 예
를 들어 하나가 아닌 부부란 그저 나란히 있는 것이지 결합은 아니다.

인생은 사람의 결합으로 그 결과가 달라진다. 예를 들어 한날한시
에 태어난 일란성쌍생아라도 커서 각자 어떤 배우자를 만나느냐에
따라 그의 앞날이 달라진다.

유비 · 관우 · 장비

중국 원말 · 명초의 나관중羅貫中 1330?~1400은 『삼국지연의三國志演義』를 도원결의桃園結義로부터 시작한다.

도원결의란 유비 · 관우 · 장비가 도원에서 의형제를 맺은 것이다. 이후 이는 뜻이 맞는 사람끼리 하나의 목적을 이루기 위해 행동을 같이 할 것을 약속한다는 뜻으로 통한다.

한漢나라 말 환관의 발호로 정치가 어지럽자 천하의 인심이 날로 흉흉해지고 사방에서 도적들이 벌떼처럼 일어났다. 장각이 이끄는 황건적이 유주까지 들어오자 유주 태수 유언은 의병을 모집하는 방문을 내걸었다.

한漢나라 경제景帝의 후손인 유비는 어려서부터 부친을 여의고 모친을 지성으로 섬겼는데 집이 가난해서 미투리를 삼고 자리를 치는 것으로 생계를 삼았다. 유언이 방문을 내걸고 의병을 모집할 때 유비의 나이는 스물넷이었다. 유비가 방문을 보고 탄식을 하고 있는데 장비가 나타나 대장부가 나라를 도와 힘쓸 생각은 않고 어찌 탄식만 하느냐고 유비를 나무랐다. 유비가 황건적을 무찌를 생각은 간절하나 힘이 없어서 그랬다고 하자 장비가 자신이 지금까지 쌓아 둔 재물로 고을 안의 용사들을 모아 함께 큰일을 하자고 하였다. 유비가 크게 기뻐하며 장비와 함께 가까운 술집으로 들어갔다. 두 사람이 술과 안주를 청하고 막 자리에 마주 앉았을 때, 관우가 또 술집으로 들어와 발

건너서 술 한동이를 내놓으라며 자기는 성안으로 들어가 군사 모집에 응할 작정이라고 소리치는 것이 아닌가. 세 사람이 함께 만나 반가웠다. 유비가 관우에게 장비와 나눈 이야기를 하니 관우도 크게 기뻐하였다. 그러자 장비가 웬일로 날라온 술과 안주를 물리치며 정색을 하고 말하였다.

"아무래도 큰일을 시작하기에는 이 자리가 마땅하지 못한 것 같습니다. 이러지 말고 우리 달리 장소를 택해 예를 갖추는 게 어떻겠습니까? 마침 저의 집 뒤에는 도원桃園 복숭아밭이 있는데 꽃이 한창 만발하였습니다. 내일 그 도원에서 하늘과 땅에 제사를 지내 세 사람이 죽고 사는 것을 같이할 의義를 맺은 뒤 큰일을 시작하는 게 어떻겠습니까?"

이에 세 사람은 다음날 모여 형제의 의를 맺기로 약속하고 헤어졌다. 나이로 보면 관우가 가장 위이고 다음이 유비이며 끝이 장비이었다. 그러나 관우가 "한실의 종친이고 어질며 슬기로운 유비께서 맏형이 되어야 합니다"라고 주장하였다. 그래서 유비가 맏이가 되고 다음이 관우가 되며 장비는 막내가 되기로 하였다.

이튿날 유비 · 관우 · 장비 세 사람은 전날 약속한 복숭아밭에 모여 검은 소烏牛와 흰 말白馬을 제물로 하늘과 땅에 형제가 되었음을 알리는 제사를 지냈다. 먼저 검은 소와 흰 말의 피를 섞어 서로 나누어 마신 뒤, 나란히 향을 사르며 미리 마련해 간 서문誓文을 읽었다.

고하건대 여기 선 유비 · 관우 · 장비 세 사람은 비록 성이 다르나 큰 의義와 두터운 정情으로 맺어 이제 형제가 되었습니다. 마음을 함께하고 힘을 합치어 어려울 때는 서로 구하고 위태로울 때는 서로 도우며 위로 나라의 은덕에 보답하고 아래로 창생을 평안케 하고자 합니다. 비록 같은 해 같은 달 같은 날에 태어나지는 못했으되 죽기만은 같은 해 같은 달 같은 날이기를 바라오니, 황천후토皇天后土여 이 뜻을 굽어 살피소서. 만일 우리 가운데 의를 저버리고 형제의 정을 잊는 자가 있거든 하늘과 땅에게 함께 베임을 당하게 해주시옵소서.

그런 다음 형제의 예로 먼저 관우와 장비가 나란히 유비에게 절을 올리고, 이어 다시 장비가 관우에게 형을 대하는 예로 절을 올렸다.

위의 도원결의桃園結義가 이야기의 전승 과정에서 재구성된 것일 수 있다. 그러나 그것은 문제가 되지 않는다. 왜냐하면 유비·관우·장비가 결합하여 촉蜀나라를 세운 것은 역사적 사실이기 때문이다. 촉蜀은 이를 촉한蜀漢이라고도 한다. 세 사람이 결합으로 '팔자 고치기'를 이룬 것은 틀림이 없다. 그러면 이 세 사람이 각각 상대방의 무엇을 보고 결합하였을까. 아마 상대방의 관상을 보고 그랬을 것이다. 어느 누구나 나름대로 상대방의 관상을 보고 그와의 친소親疏 관계를 본능적으로 형성하지 않는가.

읍참마속泣斬馬謖이란 사사로운 감정을 버리고 엄정히 법을 지켜 기강을 바로 세우는 일을 비유하는 말로 '울면서 마속馬謖의 목을 베다'라는 뜻이다. 중국 진晉나라의 학자 진수陳壽가 편찬한 『삼국지三國志』에서 유래한다. '읍참마속泣斬馬謖'이란 고사성어가 생긴 까닭을 캐 나가

다 보면 유비가 나름대로 사람의 관상을 보았음을 발견할 수 있다.

마속은 촉나라의 정치가 겸 전략가인 제갈량의 인정을 받았으나 유비는 그가 말이 앞서는 인물이라고 평가하였다. 훗날 마속은 결국 제갈량의 명령과 지시를 따르지 않고 제멋대로 싸우다가 패하였다. 이에 제갈량은 울면서 그의 목을 베어 군율을 분명히 하였다. 그러니 유비가 마속의 관상을 본 대로 적중한 것이다.

관상

관상觀相이란 사람의 생김새를 보고 성격, 건강, 육친, 직업, 운 따위를 판단하는 것이다. 요즈음 은 관상이란 용어 대신 인상人相이란 용어를 사용 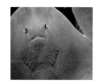 하는 경향이 있다. 인상이란 용어가 신선하고 부드러운 느낌이 든다. 그러나 두 용어를 구분하지 않고서 사용할 수 있다.

관상 또는 인상이라 할 때 '상象'이 아닌 '상相'을 쓰는 까닭이 무엇인 가?

상象이란 사물 그 자체가 아니고 그 사물을 상징하는 추상적인 것이다. 그러나 상相이란 사물 그 자체 다시 말하면 그 사물의 외표外表 appearance로서 구체적인 것이다. 관상 또는 인상이란 추상적인 것을 대상으로 하는 것이 아니라 구체적인 것을 대상으로 한다. 따라서

'상寀'이 아닌 '상相'을 쓴다.

관상학 또는 인상학은 머리털에서 발끝에 이르기까지 몸 전체를 대상으로 한다. 여기에는 말과 행동, 그리고 버릇까지 포함한다.

관상학 또는 인상학은 관상 또는 인상보다 심상心相의 중요성을 강조한다. 유형의 상이 무형의 상에 지배되어 변한다고 한다. 관상 또는 인상이 부귀할 상이라도 심상에 따라 빈천해질 수 있고, 빈천할 상이라도 심상에 따라 부귀해질 수 있다는 것이다. 따라서 자신의 운명을 관상이나 인상에만 의존하지 말고 심상心相을 잘 다스려 운명을 개척해 나가야 할 것이라고 한다. 관상학 또는 인상학이 심상을 다루므로 이를 간단히 상학相學이라고 부를 수 있다.

중국에서는 동주東周 B.C. 770~B.C. 221의 숙복이 처음으로 상법相法을 엮었다고 한다. 고대 중국에서는 의醫와 상相을 확연히 분리하지 않고 얼굴의 생김새, 골격, 피부의 색조色調 등을 관찰하여 병과 수명을 판단하였다.

일설에 의하면 숙복을 계승한 고포자경이 공자孔子가 어렸을 때 그의 상相을 보고 장차 그가 성인이 된다는 것을 예언하였다고 한다.

진나라를 쓰러뜨리고 나아가 초나라 항우項羽와 겨루어 천하를 통일한 한나라 고조高祖 유방劉邦은 청년시절 만난 관상가의 예언대로 황제가 되었기 때문에 그는 관상학을 장려했고 궁중에 관상가의 출입을 허용했다고 한다.

양나라 무제武帝 때 인도에서 달마達磨가 와서 불교를 전했는데 포교의 수단으로 달마상법達磨相法을 이용했다고 한다.

우리나라에는 신라 선덕여왕 때 승려들이 중국을 왕래하면서 관상학을 들여온 것으로 전해진다.

고려 말 승려인 혜징이 이성계의 상을 보고 장차 군왕이 될 것이라고 하였고, 조선 세조 때 영통사의 한 도승이 한명회의 상을 보고 장차 재상이 될 것이라고 하였다는 이야기 등은 한국의 관상학이 불교의 전통 위에 있음을 보여 준다.

관인팔법觀人八法이란 사람의 상相을 크게 여덟 가지 유형으로 나누어 보는 법이다. 옛날에는 왕이나 재상 등을 고를 때 이 관인팔법을 썼다고 한다. 관인팔법의 내용은 다음과 같다.

첫째, 위威이다. 권력과 명성에 어울릴 만큼 위엄이 있느냐는 것이다. 그것은 은연중에 사람을 누르는 힘을 말한다.

둘째, 후厚이다. 그릇이 얼마나 크냐는 것이다. 좀스럽고 옹졸하며 너그럽지 못하면 안된다.

셋째, 청淸이다. 깨끗한 정신의 소유자여야 한다는 것이다. 그래야 사심 없는 정치를 할 수 있다.

넷째, 고固이다. 굳은 의지를 지닌 자여야 한다는 것이다. 한번 옳다고 믿으면 끝까지 밀고 나갈 수 있어야 한다.

다섯째, 고孤이다. 인생이 외로우면 안된다는 것이다. 집안이 화목할 뿐만 아니라 인정이 많아 사람들이 그를 따라야 한다.

여섯째, 박薄이다. 체모가 빈약하고 건강하지 못하면 안된다는 것이다. 단순히 키가 크고 작음만을 따지는 것이 아니다.

일곱째, 악惡이다. 심성이 간악하고 표독스러우면 못쓴다는 것이다.

여덟째, 속俗이다. 기품이 고상하지 못하고 경박한 사람은 안된다는 것이다.

사람이 사람과 결합하여 '팔자 고치기'를 하려면 위의 관인팔법을 마음에 새겨 두어야 한다.

나아가 상대방이 부귀의 상, 장수長壽의 상, 빈천의 상, 단명短命의 상, 범죄의 상 중 어디에 해당하는지 살펴볼 필요가 있다.

✦ 부귀의 상

- 이마가 넓고 이맛살이 두툼하며 윤택하다.
- 역마이마의 양 끄트머리 부위가 밝고 두두룩하다.
- 눈썹이 수려하고 길다.
- 미간눈썹 사이 부위이 넓고 두툼하다.
- 복덕궁눈썹 끄트머리 윗 부위이 밝고 두두룩하다.
- 눈의 흑백이 선명하고 기상이 활달하다.
- 코가 둥근 대나무통을 쪼개서 엎어놓은 것 같거나 쓸개주머니를 매단 것 같다.
- 콧방울이 크고 둥글다.
- 볼이 풍만하고 윤택하다.
- 법령코끝 좌우로부터 입가로 뻗친 줄이 길고 뚜렷하다.

- 인중코끝 아래부터 입 위까지 옴폭 파인 부위이 길고 깊다.

- 식록인중의 좌우 부위이 넓고 두둑하다.

- 입이 크고 긴장미가 있다.

- 이가 고르고 튼튼하다.

- 턱이 크고 그득하다.

- 귀의 윤곽이 선명하다.

- 귓불이 크고 두툼하다.

- 허리가 곧고 둥글며 두텁다.

- 거북등이다.

- 손발이 실하다.

❖ 장수長壽의 상

- 눈썹이 길고 청수하다.

- 눈썹에 긴 털이 나있다.

- 눈에 정기가 있다.

- 산근눈 사이 부위이 높고 윤택하다.

- 코가 단단하며 보기가 좋다.

- 법령코끝 좌우로부터 입가로 뻗친 줄이 길고 뚜렷하다.

- 인중코끝 아래부터 입 위까지 옴폭 파인 부위이 길고 깊다.

- 이가 고르고 튼튼하다.

- 턱이 크고 그득하다.

- 귀가 크고 두텁다.

- 귓문에 긴 털이 나있다.

- 목이 실하다.

- 가슴이 넓고 두텁다.

- 허리가 곧고 둥글며 두텁다.

- 거북등이다.

- 성격이 관대하다.

- 음성이 맑고 울림이 있다.

- 과식하지 않는다.

- 음식을 잘 씹어서 삼킨다.

- 새벽잠을 달게 잔다.

- 하체가 튼튼하다.

- 장수집안이다.

❖빈천의 상

- 머리는 작고 목은 길다.

- 이마에 주름이 난잡하다.

- 눈썹이 없는 것 같다.

- 명궁눈썹 사이 부위이 어둡고 거칠다.

- 눈이 깊이 패였다.

- 눈을 가늘게 뜨고 본다.

- 콧대가 울퉁불퉁하다.

- 코끝이 뾰족하거나 콧구멍이 크게 보인다.

- 코가 앙상하다.

- 콧방울이 없는 것 같다.

- 딸기코이다.

- 인중_{코끝 아래부터 입 위까지 옴폭 파인 부위}이 좁다.

- 인중_{코끝 아래부터 입 위까지 옴폭 파인 부위}이 쭈굴쭈굴하다.

- 식록_{인중의 좌우 부위}이 빈약하다.

- 입이 헤벌어져 있다.

- 입이 불을 부는 듯 뾰족하다.

- 잇몸이 드러난다.

- 마른침을 뱉는다.

- 이가 튀어나왔다.

- 이가 고르지 못하고 약하다.

- 이가 가늘고 듬성듬성하다.

- 싱겁게 웃는다.

- 턱이 뾰족하다.

- 턱이 갈라져 있다.

- 턱이 짧다.

- 귀가 발랑 뒤집혀져 있다.

- 울대뼈가 높다.

- 어깨가 처진다.

- 엉덩이가 작고 볼품이 없다.

- 다리를 까분다.

- 복사뼈가 튀어나와 있다.

- 평발이다.

- 새처럼 팔짝팔짝 뛰면서 걷는다.

- 혼자서 낮은 목소리로 노래를 부른다.
- 매우 쓸쓸해 보인다.

✥ 단명短命의 상

- 동양인이 노란 머리털이다.

- 머리는 크고 목은 가늘다.
- 얼굴이 좌우 불균형이다.
- 얼굴이 항상 붉거나 창백하다.
- 미간눈썹 사이 부위이 좁다.
- 산근눈 사이 부위이 오목하고 흠이 있다.
- 퉁방울눈이다.
- 눈에 핏줄이 서있다.
- 눈동자가 희미하다.
- 눈이 흰자위가 많다.
- 코가 매우 짧다.
- 딸기코이다.
- 인중코끝 아래부터 입 위까지 옴폭 파인 부위이 짧다.
- 법령코끝 좌우로부터 입가로 뻗친 줄이 짧다.
- 이가 고르지 못하다.
- 앞니의 사이가 많이 벌어져 있다.
- 턱이 매우 짧다.
- 귀가 작고 얇다.
- 어깨가 좁다.

- 가슴이 좁고 얄팍하다.

- 엉덩이가 매우 작다.

- 하체가 약하다.

- 행동이 성급하다.

- 엉뚱한 짓을 한다.

- 눈을 뜨고 잔다.

- 헛웃음을 웃는다.

- 혼자 중얼거린다.

- 말끝이 흐리다.

- 입을 벌리고 잔다.

- 자면서 악을 쓴다.

- 모습이 고목처럼 쓸쓸하다.

❖범죄의 상

- 머리털이 뻣세고 거칠며 터부룩하다.

- 머리털이 곱슬곱슬하다.

- 이마가 좁다.

- 이마가 자빠져 있다.

- 이목구비가 불균형이다.

- 얼굴에 흉터가 많다.

- 얼굴에 개기름이 흐른다.

- 얼굴이 푸르스럼하다.

- 눈썹뼈가 솟아있다.

- 미간눈썹 사이 부위이 좁다.

- 눈썹이 곱슬곱슬하다.

- 눈썹이 눈을 누르는 듯하다.

- 눈썹이 끊어져 있다.

- 눈이 솟아있다.

- 눈이 삼각형이다.

- 눈이 눈동자가 작고 사방이 흰자위이다.

- 눈이 붉고 핏줄이 서있다.

- 눈이 뱀처럼 살기가 돈다.

- 눈을 깜박이지 않으면서 곁눈질을 한다.

- 광대뼈가 툭 튀어나왔다.

- 코가 비뚤어졌다.

- 층계코이다.

- 뾰족코이다.

- 매부리코이다.

- 법령코끝 좌우로부터 입가로 뻗친 줄의 주름이 너무 깊다.

- 입술이 유난히 두텁다.

- 혀를 뱀처럼 날름거린다.

- 이가 고르지 못하다.

- 이가 뾰족하다.

- 턱이 튀어나왔다.

- 귓불이 없는 것 같다.

- 귀가 발랑 뒤집혀져 있다.

- 가슴이 움푹 꺼져있다.
- 뒤를 자주 돌아본다.
- 곤충이나 동물을 잘 죽인다.

특히 함께 일을 도모할 경우에는 구체적으로 상대방이 '반골反骨·叛骨의 상相'인가를 살펴볼 필요가 있다. 반골이란 뼈가 거꾸로 솟아 있다는 뜻이다. 하지만 관상이란 골상骨相을 포함한 사람의 전체적인 것을 대상으로 하므로 반골을 뼈의 경우로만 국한시킬 필요가 없다.

반골反骨과 반골叛骨은 그 뉘앙스가 다르다.

반골反骨이란 세상의 풍조나 권세, 권위 따위를 무작정 좇지 않고 저항하는 기질 또는 그런 사람이다. 따라서 그 뉘앙스가 긍정적이다.

반골叛骨이란 사람을 배반 또는 배신하는 기질 또는 그런 사람이다. 따라서 그 뉘앙스가 부정적이다.

위에서 본 것처럼 반골反骨과 반골叛骨은 그 뉘앙스가 다르기는 하나 둘 다 원만한 대인관계를 그르치는 것은 사실이다.

위연魏延 ?~234은 중국 삼국시대 의양義陽 출신으로 용맹하고 호탕하며 지략이 뛰어나고 병사를 양성해서 관리하는 능력이 탁월하였다. 그러나 그는 자기 재주를 과신하고 다른 사람을 업신여기는 단점이 있었다.

위연이 장사 태수 한현을 죽이고 유비에게 항복하였을 때 유비 곁에 있던 제갈량은 그의 목을 베려고 하였다. 유비가 놀라 제갈량에게 그 까닭을 물었다. 제갈량이 싸늘하게 대답하였다.

"그 녹을 먹으면서 그 주인을 죽였으니 이는 불충이요, 그 땅에 살면서 그 땅을 들어바쳤으니 이는 불의입니다. 거기다가 이제 제가 위연의 상桂을 보니 뒤통수에 반골이 있습니다. 오래 뒤에는 반드시 주공을 저버릴 사람이라 미리 죽여 화근을 없애자는 것입니다."

그러나 유비는 위연을 살려 주고 그가 공적을 쌓게 해서 나중에는 그를 중용하였다.

유비가 죽고 그 후 제갈량이 죽었다.

제갈량이 죽던 날 밤 위연은 이상한 꿈을 꾸었다. 머리에 뿔 두 개가 돋는 꿈인데 깨고 나도 매우 괴이쩍었다. 이에 이튿날 아침 행군사마 조직趙直이 들어오자 그를 잡고 물었다.

"그대가 주역의 이치에 매우 밝다니 한 가지 묻겠소. 내가 어제 밤 꿈을 꾸었는데 머리에 뿔 두 개가 돋는 것이었소. 그 꿈이 길한지 흉한지 알 수 없으니 그대가 한번 풀어보구려."

그러자 조직이 한참이나 생각하다 대답하였다.

"그것 대단히 좋은 꿈입니다. 기린의 머리에도 뿔이 있고 창룡의 머리에도 뿔이 있으니 이는 바로 장군께 큰 변화가 있어 높이 되실 징조입니다."

위연의 꿈은 결코 좋은 꿈이 아니나 바른 대로 말했다가는 배겨나기 어려울 것 같아 기린과 창룡으로 둘러대 좋은 걸로 풀어주었다고 한다. 사실 위연의 꿈에 나온 뿔角은 칼刀을 사용用한다는 것으로 칼에 목이 잘려 죽는다는 것을 가리킨다고 한다.

위연은 조직의 꿈 풀이에 고무되었던지 제갈량으로부터 병권을 물려받은 양의楊儀와 대립하여 싸우다가 칼에 목이 잘려 죽었다.

누가 어느 부위에 뼈가 거꾸로 솟아 있다고 해서 그것만으로 그를 '반골의 상'이라고 이야기할 수 없다. 왜냐하면 개체가 반드시 전체를 가리키는 것은 아니기 때문이다.

위연은 장점이 많았다. 그의 단점이란 능력있는 사람들한테서 흔히 나타나는 그런 정도의 것이다. 그를 불충이요, 불의라고 하나 그는 장사 백성을 지켜 주었으며, 장사 땅을 안정시켰다. 제갈량이 죽은 이후 그가 취한 행동은 배반 또는 배신이 아니라 자존심을 내세운 권력투쟁이다. 심지어 이렇게 저렇게 풀이할 수 있는 꿈을 가지고 그를 배반 또는 배신의 인물로 몰아가는 것은 잘못이다. 그의 뒤통수 뼈가 거꾸로 솟아 있다고 해서 그것만으로 그를 '반골의 상'이라고 이야기할 수 없다. 앞에서 그 이유를 밝혔다. 꼽추는 등이 굽고 큰 혹 같은 것이 불쑥 나온 사람이다. 프랑스의 소설가 빅토르 위고Victor Hugo 는 『Notre Dame de Paris』에서 꼽추 콰지모도를 충직하고 의리가 있는 인물로 묘사하고 있다.

관상학은 머리털에서 발끝에 이르기까지 몸 전체를 대상으로 한다. 여기에는 말과 행동, 그리고 버릇까지 포함한다. 따라서 어느 한

가지만 가지고 사람을 판단해서는 안 되겠지만 관상학에서는 다음과 같은 사항을 많이 겹쳐 가지고 있는 사람을 배반자 또는 배신자라고 한다.

- 남의 단점을 잘 이야기한다.
- 의리를 위해서 목숨을 바친다고 떠든다.
- 말을 이랬다저랬다 한다.
- 크게 해도 좋은 말을 귀에 대고 수군댄다.
- 맞장구를 잘 친다.
- 목소리가 간드러지다.
- 눈을 감고 말한다.
- 성낼 때에 도리어 웃는다.
- 콧방귀를 잘 뀐다.
- 욕심이 사납다.

대인관계란 나와 상대방의 관계이다. 따라서 상대방도 위의 기준을 가지고 나를 대할 수 있다. 그런데 위의 기준을 잘 살펴보면 대화의 비중이 크다. 그러니 어느 누구나 대화를 통해 내용을 잘 전달해서 상대방에게 좋은 이미지를 전달할 수 있도록 노력해야 한다.

메라비언의 법칙The Law of Mehrabian이란 대화에서 시각과 청각 이미지가 중요시된다는 커뮤니케이션 이론으로 한 사람이 상대방으로부터 받는 이미지는 시각이 55%, 청각이 38%, 언어가 7%에 이른다는 법칙이다. 1970년 앨버트 메라비언Albert Mehrabian이 저서 『Silent Messages』

에서 발표한 것이다. 이 메라비언의 법칙에서 시각이란 자세 · 용모 · 복장 · 제스처 등 외적으로 보이는 부분을 말하고, 청각은 목소리의 톤이나 음색 등 언어의 품질을 말하며, 언어는 말의 내용이다. 그렇다면 대화를 통해 내용을 전달할 때 말의 내용보다는 직접적으로 관계가 없는 요소들이 93%나 차지한다는 것이다. 이 메라비언의 법칙은 설득력 있는 커뮤니케이션 이론으로서 특히 짧은 시간에 좋은 이미지를 주어야 하는 경우 활용된다.

아리스토텔레스^{Aristoteles} B.C. 384~B.C. 322는 '인간은 사회적 동물이다'라고 말하였다. 그의 말을 쉽게 풀이하면 사람은 결합을 통하여 동물의 세계를 벗어나 유토피아^{utopia}를 이룰 수 있는 존재라는 이야기이다. 아리스토텔레스는 간단한 말로 인간이란 존재를 잘 설파하였다. 우리는 인류가 결합하여 이상향^{理想鄕}을 이룰 수 있다고 보면 된다.

새로운 인생 3

10
역(易)

역易이란 무엇인가

동양에는 아득한 복희 시대로부터 역易 사상이 전해 내려온다. 그러면 역易이란 무엇인가. 이에 관하여는 대표적인 두 개의 견해가 있다. 나누어서 살펴보기로 하자.

첫째, 역易을 일日과 월月의 합성어로 보아, 일日은 낮⁺ 즉 양陽이고 월月은 밤⁻ 즉 음陰이므로, '역易=음양陰陽'으로 해석하는 견해가 있다. 그러나 이 견해는 설득력이 없다. 왜냐하면 역易은 일日과 월月의 합성어가 아니라 일日과 물勿의 합성어이기 때문이다.

둘째, 역易을 수시로 몸의 색깔을 바꾸는 도마뱀으로 보아, '역易=변화變化'로 해석하는 견해가 있다. 이 견해의 논리적 근거는 다음과 같다.

역易의 일日은 도마뱀의 머리 부분으로 가운데 점은 눈이 되며, 역易의 물勿은 허리와 꼬리와 다리로서, 역易을 가로로 길게 그리면 도마뱀이 된다. 도마뱀은 주변의 색깔에 따라 몸의 색깔을 바꾸는 '변화變化'의 능력이 있다. 카멜레온이 바로 도마뱀의 일종이다. 도마뱀은 몸의 색깔을 바꾸기가 쉽다. 나아가 도마뱀은 위험에 부딪치면 꼬리를 흔들어 적을 유인한 다음, 꼬리를 잘라 적이 당황하는 동안에 도망쳐 숨는다. 그러니 역易→도마뱀→변화變化이다.

위의 둘째 견해는 설득력이 있다. 왜냐하면 한자는 사물事物을 본떠 그 사물이나 그것과 관련 있는 관념을 나타낸 문자 즉 상형문자象形文字이기 때문이다.

'역易=변화變化'라면 역은 수동적인 변화인가 아니면 능동적인 변화인가. 종래에는 역학易學을 인간에게 주어진 숙명을 연구하는 학문으로 보아 역을 수동적인 것으로 이해하였다. 그러나 필자는 역학을 수신학修身學으로 보아 능동적인 것으로 이해하고 싶다. 생각해 보라. 역의 주체는 바로 자신 아닌가. 그런 의미에서 '易'은 '바꿀 역'인 동시에 '쉬울 이'인 것이다. 이렇게 보면 사람의 일생은 결국 스스로의 마음에 따라 얼마든지 달리 전개될 수 있다. 동양의 역 사상은 우리를 자유인의 길로 안내한다.

사마천과 투키디데서

　인류 역사상, 능동적인 변화를 통해, 고난을 영광으로 바꾼 아이러니컬ironical한 반전反轉 사례가 많다.

　사마천司馬遷은 한漢나라의 사관史官으로『사기史記』의 저자이다. 중국 최고의 역사가로 칭송된다. 기원전 110년 아버지 사마담이 죽으면서 자신이 시작한『사기』의 완성을 부탁하였고, 사마천은 그 유지를 받들어 기원전 108

년 태사령이 되면서 황실 도서에서 자료 수집을 시작하였다. 기원전 104년 사마천은 천문 역법의 전문가로서 태초력太初曆 제정에 참여한 직후『사기』저술에 본격적으로 착수하였다. 그러나 기원전 99년 46세의 사나이 사마천은 궁형宮刑을 당하였다. 궁형이란 생식기를 없애는 형벌이다. 사마천이 궁형을 당한 것은 한漢나라 무제武帝 때 흉노족과의 전쟁에 패배해서 흉노에 투항한 장군 이릉李陵을 "투항하기는 했으나 역사를 기록하는 사관의 눈으로 볼 때 그의 전과戰果는 어느 다른 장군들보다 훌륭하다"고 변호하다가 황제를 분노하게 만드는 역린逆鱗의 죄를 범한 때문이었다. 사마천은 옥중에서도 저술을 계속하였으며 기원전 95년 황제의 신임을 회복하여 환관의 최고직인 중서령이 되었다. 중서령은 황제의 곁에서 문서를 다루는 직책이었다. 하지만 그는 환관의 신분으로 일부 사대부들의 멸시를 받았으며 운신의 폭도 자유롭지 못하였다. 이러한 어려움 속에서도 사마천은 마침내『사기』를 완성하였다. 사마천은 자신이 궁형을 당한 이후 죽음을 택하지 않고 다시 일어설 수 있었던 데 대해 이렇게 기록해 놓았다.

주나라 문왕은 유리에 갇혀 있었기 때문에 주역을 풀이할 수 있었고, 공자는 고난을 겪었기 때문에 춘추를 지었으며, 굴원은 쫓겨나는 신세가 되어 이소를 지었고, 좌구명은 눈이 멀어 국어를 남겼다. 손자는 다리를 잘림으로써 병법을 논하게 되었고, 여불위는 좌천되는 바람에 여씨춘추를 전하였으며, 시 300편은 대체로 현인과 성인들이 고난 속에서 발분하여 지은 것이다.

『사기』는 중국 고대의 역사 편찬기관이 펴낸 공식 역사서가 아니다. 인간 사마천이 자신보다 먼저 살다 간 인간들이 어떻게 살다 갔는지를 추적한 '사람들 이야기'의 모음집이다. 다만 황제들은 '본기本紀', 제후들은 '세가世家', 보통 사람들은 '열전列傳'이라는 항목으로 따로 분류해서 실어놓았을 뿐이다. 『사기』의 규모는 본기本紀 12권, 연표年表 10권, 세가世家 30권, 열전列傳 70권, 모두 130권 52만 6500자에 이른다. 사마천은 『사기』가 완성된 2년 후에 사망하였다. 사마천은 자기의 관직명인 '태사공太史公'을 따라 지금의 『사기史記』를 『태사공서太史公書』라고 불렀지만 훗날 이 저서는 지금의 『사기史記』로 불리게 되었다.

투키디데스Thukydides는 그리스의 역사가로 『펠로폰네소스 전쟁사』의 저자이다. 교훈적 역사가의 시조로 꼽힌다. 투키디데스는 아테네 출생이다. 그는 부유한 집안에서 태어나, 펠로폰네소스 전쟁에서 활약하였으며, B.C. 424년 장군이 되었다. 트라
키아 지방에서 활동하였으나 암피폴리스 방어
전에 실패하여 국외로 추방당하였다. 20년간
망명생활을 하였다. 이 망명생활을 통하여 아
테네측과 스파르타측의 양측에서 자료를 수집하여 기원전 400년대
에 30년 가까이 벌어진 펠로폰네소스 전쟁의 역사를 다룬『펠로폰네
소스 전쟁사』(8권)를 저술하였다. 펠로폰네소스 전쟁이란 B.C. 431년
~B.C. 404년 아테네와 스파르타가 각각 자기 편 동맹시同盟市들을 거느
리고 싸운 전쟁이다. B.C. 411년 가을까지만 다룬 이『펠로폰네소스
전쟁사』는 비록 미완성의 저서이나 투키디데스가 국외로 추방당한
치욕을 극복하는 과정에서 이루어 낸 것으로 엄밀한 사료 비판, 인간
심리에 대한 깊은 통찰 등에서 역사서의 고전古典으로 평가받는다.

투키디데스는 객관적이고 냉철한 필치로 역사를 움직이는 원동력
이 무엇인가를 그렸다. 저서의 목적이 과거의 사실을 명확하게 인식
해서 장차 일어날 일을 헤아린다는 것으로 교훈적이다. 연설의 기술
記述을 삽입하여 사건 및 인물의 특징을 생생하게 부각시키고 있는데,
문체는 장중하며 문장은 난해하다.

『채근담菜根譚』

위에서 본 것처럼 사람은, 능동적인 변화를 통해, 고난을 영광으로
바꿀 수 있다. 중국 명明나라의 환초도인還初道人 홍자성洪自誠은 자신의

어록語錄인『채근담菜根譚』에서 다음과 같이 밝히고 있다.

하늘이 나에게 복을 박하게 준다면 나는 나의 덕을 두텁게 함으로써 이를 맞을 것이요, 하늘이 나의 몸을 수고롭게 한다면 나는 내 마음을 편하게 함으로써 이를 도울 것이며, 하늘이 나에게 곤궁한 길을 준다면 나는 나의 도를 형통케 함으로써 그 길을 열 것이니 이와 같으면 하늘인들 또 나를 어찌하랴.

하늘의 기틀은 이루 헤아릴 수가 없다.
눌러서 펴고 펴서는 눌리니
이 모두가 영웅을 장난감처럼 주무르고
호걸을 엎어지고 고꾸라지게 만든다.
그러나 군자는 천운天運이 역逆으로 오면 순順으로 받고
편안할 때는 위태로움을 생각하는지라
하늘도 재주를 부릴 수가 없다.

수탉이 알을 낳다

죽음을 각오하면 새로운 세계가 열린다. 사람 뿐만 아니라 짐승의 경우 또한 마찬가지이다.

이탈리아 투스카니주의 한 농장에서 수탉이 알을

낳는 암탉으로 변하는 믿기 어려운 일이 일어났다고 영국 뉴스사이트 '오렌지'orange.co.uk가 보도했다.

이 닭은 본래 붉은 볏이 있는 수탉이었으나 여우의 습격으로 암탉들이 모두 죽은 뒤 알을 낳기 시작했다. 암컷으로 새로운 삶을 시작한 것이다. 농장 주인은 "그 일이 있은 후 알을 낳는 것은 물론 모든 행동이 암탉과 같아졌다"며 신기해했다. UN의 다국적 연구진은 이 닭의 성전환 원인이 새의 DNA에 있다고 보고 연구 중이다. 한 전문가는 "살아남으려는 생존유전자의 영향일 수 있다"면서 "암탉이 모두 없어진 상황에서 성을 바꿈으로써 생존 가능성을 찾은 것"이라는 견해를 밝혔다. 닭의 성전환이 보도된 것이 처음은 아니다. 2004년 중국에서 수탉이 아침에 울지 않고 알을 낳기 시작한 일이 있었고, 2006년 영국에서도 암탉이 생후 9개월째에 수탉으로 변해 화제가 된 바 있다.

—서울신문 2010년 4월 20일

보다 나은 생활을 창조

사람은, 능동적인 변화를 통해, 고난을 영광으로 바꿀 수 있을 뿐만 아니라, 보다 나은 생활을 창조할 수 있다. 그 예로 웃음을 들 수 있다.

소문만복래笑門萬福來란 웃음이 넘치는 집안으로 온갖 복이 다 들어온다는 말이다. 웃으면, 몸과 마음이 건강해지고, 가정이 화목해지며,

일이 잘 풀린다.

　첫째, 웃으면 몸과 마음이 건강해진다.

　웃어야 스트레스가 풀리고 기분이 좋아져서 혈액순환이 잘되고 면역력이 증가한다. 따라서 많이 웃으면 자연치유력이 증가하여 웬만한 병은 별다른 약을 쓰지 않아도 그냥 낫는다. 의사의 비밀 중 하나는 이런 사실을 환자에게 설명해 주지 않는다는 것이다. 정밀한 건강 장수의학 연구에 의하면 하루 15번을 웃으면 2일간 수명이 연장된다고 한다.

　둘째, 웃으면 가정이 화목해진다.

　찡그리고 사는 거야 개인의 자유이다. 그러나 그렇게 해서 가정의 화목을 깨면 이는 이른바 권리의 남용이다. 예로부터 전해 내려오는 '가화만사성家和萬事成 집안이 화목하면 모든 일이 다 잘되어 간다'을 마음에 새겨야 한다.

　셋째, 웃으면 일이 잘 풀린다.

　동물은 웃지 않고 인간만이 웃을 수 있다고 한다. 인간은 삶이 너무나 슬퍼서 웃음을 발명하지 않을 수 없었던 탓일까? 웃음은 인간관계를 부드럽게 해 준다. 웃으면 당장 내 마음속 적대감이 풀린다. 나아가 웃음은 강력한 전파력이 있어서 상대방 마음속 적대감이 풀리게 만든다. 한번의 웃음으로 쌓인 앙금을 해소하고 화해를 이룰 수 있다. 인간관계가 부드러워지면 '만사 OK' 아니겠는가. 실제로 성공

한 사람의 인상을 연구한 자료에 의하면 가장 큰 요인이 웃음 띤 얼굴이었다고 한다.

　웃음은 인간만이 누릴 수 있는 하늘의 축복이다. 인간이 생존경쟁을 하느라 웃음을 상실할 수 있다. 하지만 그럴수록 더 웃어야 한다. 여섯 살 전까지의 아이들은 하루에 600번을 웃는다고 한다. 이에 비해 어른은 하루에 고작 14번을 웃는다고 한다. 인간은 동심으로 돌아가 웃어야 한다. 그래야 본인·가족·인류가 행복한 삶을 누릴 수 있다.

　2002년 BBC 설문 조사 결과 세익스피어, 뉴턴, 엘리자베스 1세를 뛰어넘어 가장 위대한 영국인으로 선정된 윈스턴 처칠Winston Churchill 1874~1965 영국 전 수상은 유머humor가 풍부했다. 따라서 남도 웃기고 자신도 웃으며 살았다.

　*2차 대전 초기 처칠이 루즈벨트 대통령을 만나러 미국으로 건너갔다. 숙소인 호텔에서 목욕을 한 뒤 허리에 수건을 두르고 있는데 갑자기 루즈벨트 대통령이 나타났다. 그때 공교롭게도 허리에 감고 있던 수건이 스르르 내려갔다. 처칠은 당황하지 않고 정장을 차려입은 루즈벨트를 향해 어색한 분위기를 180도로 돌려놓았다. 양팔을 넓게 벌리며

　"보시다시피 영국은 미국에게 아무 것도 감추는 것이 없습니다."

＊대기업 국유화를 놓고 치열한 설전을 벌이던 의회가 잠시 정회된 사이 처칠이 화장실에 들렀다. 만원이 된 화장실에 빈자리가 딱 하나 있었는데 그곳은 대기업 국유화를 강력히 주장하는 노동당 당수 애틀리의 옆자리였다. 하지만 처칠은 다른 자리가 날 때까지 기다렸다. 이를 본 애틀리가 물었다.

"제 옆에 빈자리가 있는데 왜 거길 쓰지 않으세요? 혹시 저한테 뭐 불쾌한 일이라도 있습니까?"

처칠이 말했다.

"천만에요. 괜히 겁이 나서 그럽니다. 당신은 뭐든 큰 것만 보면 국유화하자고 주장하는데, 혹시 제것을 보고 국유화하자고 달려들면 큰 일 아닙니까?"

＊처칠이 연단 위로 오르려다 넘어지자 청중들이 웃었다. 처칠이 마이크를 잡고 말했다.

"제가 넘어져 국민이 즐겁게 웃을 수 있다면 다시 한번 넘어지겠습니다!"

풍수지리학

동양에서는 옛날부터 좋은 운을 맞아들이기 위하여 풍수지리학風水地理學을 활용하였다. 풍수지리학이란 음양오행설을 바탕으로 자

연환경을 파악하여, 인간이 살아 있을 때는 생활하는 장소 즉 양택陽
宅을 결정하고, 인간이 죽으면 육신을 묻을 장소 즉 음택陰宅을 찾기 위
한 학문이다. 따라서 풍수지리학은 이를 양택풍수지리학과 음택풍수
지리학으로 나눌 수 있다.

움택풍수지리학은 매우 황당한 것 같다. 왜냐하면 죽은 사람의 육
신을 가지고 이론을 전개해서 산 사람이 이를 선뜻 납득할 수 없기
때문이다. 그러나 음택풍수지리학은 동기감응론同氣感應論을 내세운다.
동기감응론이란 인간이 죽으면 흙으로 돌아가는데 육신이 묻힌 땅이
좋으면 생기를 받아 이 기가 자손과 감응을 일으킨다는 것이다. 이것
은 마치 서쪽에서 구리광산이 무너지면 동쪽에서 신령스런 종鐘이 응
하여 우는 것과 같다고 한다. 1997년 10월 20일 KBS 미스테리추적은
다음과 같은 동기감응 사례를 방영하였다.

동의대 이상명 교수는 성인 남자 3명의 정액을 채취하여 3개의 시험관에
넣고 각각 정밀한 전압계를 설치하였다. 그리고 이들 3명을 옆방으로 데리
고 가서 차례로 전기 쇼크를 가하는 실험을 하였다. 그러자 전기 쇼크를 받
은 사람의 정액에 부착된 시험관의 바늘도 동일한 시각에 움직였으며 미세
한 전위차가 나타났다. 이 실험은 TV에도 방영되었는데, 이상명 교수는 "피
실험자의 몸밖으로 배출된 정자가 피실험자와 동일한 전자 스핀을 갖고 있
어서 전자기적 공명현상이 일어난 것으로 해석할 수 있다"고 말하였다.

위의 동기감응론이 맞다고 하더라도 오늘날 음택풍수지리학은 문

제가 된다. 왜냐하면 예를 들어 국토개발로 산맥이 잘리는 등 자연환경의 변화로 음택의 길흉이 달라지기 때문이다.

양택풍수지리학은 인간에게 반드시 필요한 학문이다. 왜냐하면 양택은 거주자가 실제 생활의 대부분을 보내는 곳으로 본인의 관리에 따라 그 길흉이 현저하게 달라지기 때문이다. 풍수지리학의 고전인 『황제택경黃帝宅經』은 양택을 다음과 같이 오허五虛와 오실五實로 나누어서 그 길흉을 논한다.

오허五虛

① 집은 큰데 식구가 적은 것.

② 대문현관문은 큰데 그 안의 집이 너무 작은 것.

③ 담과 뜰이 없거나 무너진 것.

④ 부엌이 제자리를 잡지 못한 것예:부엌이 침실과 가까이 있거나 집의 한가운데 있는 경우.

⑤ 집은 작고 마당이 너무 넓은 것.

※ 양택이 오허五虛에 해당하면 가세가 기운다.

오실五實

① 집은 작은데 식구가 많은 것.

② 집은 큰데 대분현관문이 작은 것.

③ 담과 뜰이 완전히 잘 갖춰진 것.

④ 집은 작은데 가축을 많이 기르는 것.

⑤ 집 밖의 도랑물이 남동쪽으로 흐르는 것.

※ 양택이 오실五實에 해당하면 가세가 일어난다.

양택풍수지리학에서는 침실을 매우 중요하게 다룬다. 왜냐하면 인간이 일생의 1/3을 침실에서 보내기 때문이다. 침실의 핵은 침대 방향이다. 침대 방향이란 침대 앞머리 방향으로 누울 때 머리를 두는 방향이다. 일반적으로 누웠을 때 출입문이 보여야 한다. 침대에 누워서 자연스럽게 출입문을 볼 수 있어야지 출입문을 등지게 되면 불안하다. 그러나 출입문이 침대와 똑바로 마주 보이면 안 된다. 왜냐하면 출입문을 통해서 들어오는 기가 강하기 때문이다. 침대에 누워서 출입문을 약간 대각선으로 바라보는 것이 좋다. 아파트의 경우 침대를 벽에 붙이면 좋지 않다. 왜냐하면 시멘트의 흉한 기가 영향을 미치기 때문이다.

개명改名

사람은 개명改名으로 새로운 운명을 열 수 있다. 두 사람을 예로 들자.

대한민국을 세운 이승만李承晚 전 대통령은 어머니가 꿈에 용을 보고 낳은 아이라 하여 어렸을 때 이름은 '승룡承龍'이 다. 5대를 외아들로 이어 온 집안이라 부모님은 특별한 기대를 가지고 승룡이 세 살 때 서울로 이사를 하였다. 그리하여 승룡은 서당에서 한학을 공부하며 이름을 '승만承晩'으로 바꾸었다.

북한의 김일성金日成 전 주석은 본래 이름이 '성주成柱'이다. 어려서 부모를 따라 만주로 이사하였다. 그 후 소련군 장교가 되었다. 1945년 광복과 더불어 소련군 대위 신분으로 평양에 들어와 '영환英煥'이란 가명으로 활동하였다. 곧 소련군 소령으로 진급하고 그 해 소련군 로마넨코 소장이 평양시민들 앞에서 김성주金成柱를 '김일성 장군'이라고 소개한 뒤부터 '일성'이란 이름을 사용하였다. 참고로 실제 독립운동을 한 김일성 장군은 만주 독립군으로 활동하면서도 그 모습을 잘 드러내지 않아 일반 대중이 그를 쉽게 알아보지 못했으나 그의 전공戰功만은 많은 사람에게 알려진 상태이었다.

하나님은 때로는 인간의 이름을 개명해주었다고 성경은 기록하고 있다. 아브라함, 사라, 이스라엘 등이 대표적인 예이다. 이들의 이름은 인간이 지었던 것을 하나님이 개명해준 것이다. 하나님은 인간에게 새로운 사명과 역할을 줄 때 필요하면 개명도 해주었다. 일개 족장에 불과한 '아브람존귀한 아버지란 뜻'을 열국列國의 아버지란 뜻의 '아브라함'으로 개명해주어 이스라엘 민족의 조상이 되게 해주었고, 아브라함의 아내이자 족장의 부인에 불과한 '사래왕비 또는 여주인이란 뜻'를 열국의 어머니란 뜻의 '사라'로 개명해주었다. 또한 잘못된 성격으로 교활하기 그지없던 '야곱발꿈치를 잡았다는 뜻'을 하나님과 겨루어 이긴다는 뜻의 '이스라엘'로 개명해주었다.

사람은 육체와 영혼의 결합체이다. 그러나 이름이 없으면 사람이 사람 구실을 못하기 때문에 사람=육체+영혼+이름이라고도 한다. 우리와 같은 몽고 계통인 에스키모 인은 사람이 육체와 영혼과 이름의 셋으로 이루어졌다고 생각해왔다. 그러나 엄밀히 생각하면 사람은 육체와 영혼의 결합체이고 이름은 사람에게 부수적인 것이다. 이름은 사람이 입는 옷과 같다.

극지에서 사는 사람들에게는 가볍고 따뜻한 옷이 바람직하거니와 순록^{caribou}의 모피로 만든 에스키모 인의 옷은 더할 나위 없이 이상적이다. 에스키모 인의 옷에는 겉옷과 속옷이 있는데 각각 상하로 구분되며, 겉옷은 털을 바깥 쪽으로, 속옷은 털을 안 쪽으로 하여 입는다. 구조상의 특색으로는 단추를 사용하지 않고, 모든 부분을 여유 있게 만들어 몸과의 사이에 이중二重 공간이 생기도록 되어 있다. 모두 내한耐寒의 필요성에서 생긴 구조이다.

일본의 전통 의상인 기모노는 한 장으로 된 사각형의 천을 몸에 감고 허리에 오비를 둘러 멋을 낸 의상이다. 이 의상은 남방의 개방적 바탕 위에서 일본인의 체격상의 결함을 보완할 수 있도록 고안된 것이라고 본다. 그리고 옷 내외부의 차림은 여체의 선에 포인트를 맞추면서 고온다습한 여름을 지내거나 옷의 단조로움을 탈피하면서 한랭한 겨울을 나기 위한 수단이었다고 본다.

'이름'이라는 옷은 그 자체로서는 좋다, 나쁘다가 없다. 필자는 이름 하나 때문에 사람의 성격이나 건강 등이 영향을 받는다고 생각하지 않는다. 누구나 '이순신李舜臣'이란 이름을 사용하면 장군의 성격을 지닐까? 누구나 '동방삭東方朔 속설에 서왕모의 복숭아를 훔쳐 먹어 장수하였으므로 삼천갑자 동방삭이라고 이른다'이란 이름을 사용하면 불로장생할 수 있을까? 그러나 우리가 새로운 환경을 맞이하면 새로운 옷으로 갈아입어야 한다. 평상복을 외출복으로 갈아입듯이. 이러한 자세가 바로 '역易'이다.

개명改名이란 호적부에 등재된 이름을 다른 이름으로 바꾸어 다시 등재하는 것이다. 이름은 사람의 동일성을 특정하기 위한 표상으로, 누구나 자유로 정할 수 있고 또 정당한 사유가 있으면 바꿀 수 있는 것이 원칙이다.

그러나 이름이 호적부에 등재되어 공시되면 그 이름에 대한 사회적 신뢰가 쌓이고 그것을 바탕으로 하여 발생하는 모든 인간관계가 사회적 질서를 형성하게 됨에 따라, 오랫동안 사용해온 이름을 일시에 바꾸게 되면 사회의 질서와 안정을 해치는 결과를 낳는다. 때문에 호적법은 개명시 법원의 허가를 얻도록 하여 개명의 자유를 제한하고 있다.

결국 개명의 허가기준은 사회의 질서와 안정의 유지라는 공익적 목적과 개명하고자 하는 사람의 개인적 편의를 적절히 조화시킬 수 있는 선에서 찾아야 할 것이다.

대법원은 "개인의 이름은 헌법이 보장하고 있는 인격권과 행복추구권에 해당하기 때문에 개명허가 여부를 결정할 때는 '사회적 혼란'

보다 '개인의 주관적인 의사'가 중시되어야 한다"는 입장이다. 또 "이름은 통상 부모에 의해 일방적으로 결정되므로 불만스럽거나 심각한 고통을 받을 수 있다"며 "그런데도 그 이름으로 평생 살라고 강요하는 것은 정당하지도, 합리적이지도 않다"고 밝혔다. 나아가 "범죄를 은폐하거나 법령의 각종 제한을 회피하려는 불순한 의도 및 목적이 개입되지 않으면 원칙적으로 개명을 허가해야 한다"고 밝혔다.

호號

호號란 사람의 이름 이외에 쓰는 아명雅名으로서 '별호'라고도 한다.

본인이 지은 호를 자호自號라고 한다. 이율곡李栗谷 선생의 어머니 신申 씨는 주周나라의 성군인 문왕文王의 어머니 태임太任 부인을 스승으로 삼아 본받겠다는 뜻에서 자호를 「사임당師任堂」이라고 하였다.

다른 사람이 지어준 호를 아호雅號라고 한다. 그러나 아호에는 풍아·우아의 뜻이 담겨 있으니 본인이 지은 것이라도 이러한 뜻이 담겨 있으면 이를 아호라고 부를 수 있을 것이다.

아호는 유명인사나 독특한 분야의 사람들이 많이 사용해왔지만, 사용하는 데 어떤 제한이 있는 것은 아니므로 어느 누구든지 멋을 더하기 위하여 사용할 수 있다. 그래서 요즈음엔 아호에 대한 관심이 높다. 특히 아호가 사주와 본이름의 부족한 기氣를 보완하여 개운開運을 도와준다고 보면 아호야말로 참으로 매력적인 대상일 것이다. 그러나 운명학적인 관점이 아니더라도 아호는 인생을 여유롭고 풍요롭게 만들어주면서 아름다움과 우아함을 부여한다고 할 수 있다.

여러 개의 아호를 사용했던 역사적인 인물로는 김정희金正喜 1786~1856 선생을 들 수 있다. 추사秋史, 완당阮堂, 원춘元春, 노과老果, 과파果坡, 시암詩庵 등이 모두 선생의 아호이다.

조선일보 일본특파원으로 출발하여 나중에는 정치가로서 화려한 인생을 펼쳤던 김윤환金潤煥 씨의 아호는 「허주虛舟」인데 '빈 배'란 뜻이다. 이 사람은 하늘을 나는 새도 떨어트릴 만큼 권세를 지녔다가 기반이 기울 무렵 갑자기 저 세상으로 떠났다. 인생이란 '빈 배'와 같은 것이어서 「허주虛舟」는 어느 누구에게나 잘 어울리는 아호인 것 같다. 그래서인지 세상 사람들은 김윤환 씨가 지녔던 「허주虛舟」라는 아호가 아주 멋있다고 생각하는 듯하다.

참회懺悔

참회懺悔란 자기의 잘못을 깨닫고 깊이 뉘우치는 것이다. 잘못을 저지른 사람은 누구나 자유롭게 참회할 수 있다.

*과거의 죄를 깨닫고 뉘우치며, 부처·보살 등 앞에서 고백하고 용서를 비는 것도 참회이다.

*신이나 하느님 앞에서 죄를 회개하고 용서를 비는 것도 참회이다.

*세례를 받은 신자가 범한 죄를 뉘우치고 천주님의 대리인인 사제에게 고백하여 용서를 비는 것도 참회이다.

잘못을 저지른 사람은 참회로 죄의 과보를 줄일 수 있다. 형법을 적용할 때 피고인이 개전改悛의 정情을 보이면 형량刑量을 줄일 수 있는데 이는 바로 참회가 현실적으로 효과를 드러내는 예이다.

불교에서는 이미 석가모니 당시 참회를 중요시하여 포살布薩과 자자自恣라는 의식을 행하였다. 포살이란 같은 지역의 승려들이 매월 만월滿月 때와 신월新月 때 모여서 지나간 반 달 동안의 일을 반성하고 죄가 있으면 이를 여러 승려들 앞에서 고백하고 용서를 비는 의식이다. 자자란 같이 안거安居 승려가 일정한 기간 동안 외출하지 않고 한데 모여 수행하는 것에 들었던 승려들이 안거를 마칠 때 지은 죄를 여러 승려들 앞에서 고백하고 용서를 비는 의식이다.

오늘날 불교에서는 일반적으로 불상 앞에서 참회멸죄참회의 공덕으로 일체의 죄업을 소멸시킴의 수행을 한다. 상위의 참회일 때에는 숨구멍이나 눈에서 피가 나오고, 중위의 참회일 때에는 숨구멍에서 땀이 흐르고 눈에서 피눈물이 나오며, 하위의 참회일 때에는 전신에 미열이 나고 눈에서 눈물이 나오는 현상 등이 나타난다고 한다.

성철性徹 1912~1993 스님은 청년 시절『하이네 시집』과 칸트의『순수이성비판』을 읽으며 '영원한 자유'를 갈망하다가 어느 날 탁발승에게 건네받은 영가 스님의『증도가』를 보고 가슴 깊이 마음을 낸다.

25세에 출가하여 속명 이영주李英柱를 벗고 성철이란 법명을 받아 맹렬한 참선 정진 끝에 마침내 29세에 부처를 이루어 깨침의 노래를 부른다. 이후 8년 동안 인간 정신의 극치를 보여주는 장좌불와長坐不臥 밤이나 낮이나 등을 기대지 않고 한순간도 잠을 자지 않은 채 참선의 자세로 앉아서 정진하는 것의 수행을 한다.

스님은 평생 누더기 장삼을 입고 "자기를 바로 봅시다. 자기는 원래 구원되어 있습니다"라고 법문하였다.

한편 스님은 새벽이 되면 무슨 일이 있어도 법당으로 올라가 낭랑한 음성으로 예불대참회문을 읽으며 일체 중생의 죄업을 대신 참회하는 백팔배를 올리곤 하였다.

하루는 성철의『금강경』강설이 끝나자 한 젊은 수좌가 성철에게 질문을 던졌다. 그는 성철이 요구하는 백팔참회백팔배를 올리면서 참회하는 것에 대해 의문을 가지고 있는 선방 수좌였다.

"스님,『금강경』에 모양이나 음성으로는 여래부처를 보지 못할 것이라 했습니다. 그러니 저 법당에서 절하고 기도하는 것은 어리석은 일이 아니옵니까?"

"마음이 부처이니 법당의 불상은 허깨비일 수도 있지. 그러나 정말 그럴까?"

"단하 선사는 겨울날 법당의 불상을 불쏘시개로 태워버리지 않았습니까."

그 자리에 묵묵히 앉아 있던 30여 명의 스님들이 술렁거렸다. 이렇게 뱃심 좋은 수좌의 질문은 처음이었던 것이다. 그러나 성철은 거침없는 논리로 받아넘겼다.

"지금, 너의 눈은 신업身業에 빠져 부처를 보고 있고, 너의 입은 구업口業에 빠져 부처를 말하고 있으며, 너의 한 생각妄想은 의업意業에 빠져 저 법당의 부처님을 허깨비로 보고 있는 기라.

젊은 수좌가 머뭇거리자 성철이 다시 말했다.

"허깨비로 보지 않으려면 어찌해야 할까. 한 생각妄想을 버려야 하는기라."

"한 생각妄想을 왜 버려야 합니까?"

"마음은 진여문眞如門이니 불생불멸이요, 한 생각妄想을 일으키는 의意는 생사의 문, 아이가."

젊은 수좌는 궁지에 몰려 얼굴이 붉어졌다. 그러자 성철이 더욱 세게 밀어붙였다.

"한 생각妄想도 일으키지 말고 법당의 부처님을 무심히 보라, 이 말이야. 너는 지금 신구의身口意 삼업의 노예인기라. 너 같은 머저리를 위해 불상이 있는기라. 업장을 녹여주기 위해 불상이 있다카이."

"삼업을 씻으려면 어찌해야 합니까?"

"삼업을 씻으면 된다. 안 그렇노."

"어떻게 씻습니까?"

"어서 법당의 부처님께 백팔참회하고 기도해라."

성철 스님은 다음과 같은 열반의 노래를 한 수 남기고 이승의 옷을
벗었다.

일생 동안 남녀의 무리를 속여서

하늘을 넘치는 죄업은 수미산을 지나친다

산 채로 무간지옥에 떨어져서

그 한이 만 갈래나 되는지라

둥근 한 수레바퀴 붉음을 내뿜으며

푸른 산에 걸렸도다.

초대 그리스도교가 낳은 위대한 철학자이자 사상가인 아우구스
티누스Augustinus 354~430, 프랑스의 사상가이자 소설가인 루소Rousseau
1712~1778, 러시아의 소설가이자 사상가인 톨스토이Tolstoy 1828~1910는 빼
어난 『참회록』을 남겼다.

기도祈禱

사람은 기도祈禱로 '역易'을 뒷받침할 수 있다.
왜냐하면 기도로 마음의 화평을 누릴 수 있기 때문이다. 마음이 화평
하면 활력活力이 솟아나 스스로 새로운 인물로 태어날 수 있다.

사람이, 땅에서는 포마토^{pomato} 뿌리에는 감자가 달리고 줄기에는 토마토가 열린다를 생산하고, 하늘에서는 달나라 여행을 다닌다. 그러나 사람의 능력에는 한계가 있다. 나아가 사람이란 환영幻影과 같은 존재이다. 환영幻影이란 무엇인가? 눈앞에 없는 것이 있는 것처럼 보이는 것이다. 그러니 사람은 경건한 자세로 기도하면서 살아야 한다.

오늘날까지 '고아의 아버지'로 불리는 조지 뮬러^{George Muller} ^{1805~1898}는 독일 태생 영국 목회자이다. 그는 젊은 시절 좀도둑이자 술과 도박에 빠진 불량배이었다. 그런 그가 그리스도인이 되어 고아원 설립과 운영을 간구하였다. 가난했던 그는 누구에게도 도움을 청하지 않고 무릎을 꿇고 기도하면서 살았다. 처음 그는 윌슨 가에 주택을 빌려 30명의 고아들로 사역을 시작하였다. 그러나 그 수가 늘어나면서 애슐리다운에 고아원을 건축하기 시작하여 다섯 번째 고아원을 건축하기까지, 그는 거의 60년 동안 15만 명의 고아들을 보살폈다. 말년에는 선교여행을 통해 42개국 300만 명 이상에게 복음을 전하였다.

제16대 미국 대통령 에이브러햄 링컨^{Abraham Lincoln} ^{1809~1865}은 어떤 상황에서건 하나님 앞에 모든 것을 내려놓고 기도에 매달렸다.

2010년 칠레 산호세 광산 붕괴 사고로 지하 700m 갱도에 69일 동안 갇혀 있던 33명의 광부들이 캡슐 '불사조'를 타고 한 명씩 차례로 생환했다. 세계가 이 기적의 생존드라마^{生存DRAMA}를 보며 환호했다.

붕괴가 일어난 후 2~3시간 동안 먼지가 자욱했다. 앞을 볼 수 없었다. 매몰 후 첫 회의가 열렸다. 작업반장 우르수아(54)가 의장이었다. 의견이 서로 달라 세 그룹으로 갈렸다. 주먹다짐까지 했다. 그러나 우선 남은 음식을 공평하게 나누기로 합의했다. 이들은 48시간마다 과자 반 조각과 참치 두 스푼 그리고 우유 반 컵으로 생명을 이어 갔다. 작업반원들은 철저히 우르수아의 통제를 따랐다. 간호사 출신 광부는 건강 체크, 엘비스 프레슬리 흉내를 잘 내는 광부는 오락을 맡았다. 각자 역할을 분담했다. 우르수아는 항상 희망과 유머를 잃지 말자고 독려했다. 사고 17일 후 기적적으로 지상과 연락이 닿았다. 그래서 다음 날부터 이들은 '비둘기'라는 별명의 지름 12cm짜리 금속 캡슐을 통해 지상의 도움을 받았다. 우르수아는 구조대의 조언에 따라 광부들이 일상적인 생활을 유지하도록 일정표를 꾸렸다.

'33명의 매몰 광부'는 칠레를 하나로 묶는 고리였다. 국민의 관심은 온통 이들에 대한 구조 여부에 쏠렸다. 대부분 가톨릭 신자인 국민들은 매일 성호를 그으며 광부들의 생환을 위해 기도했다. 광부들 역시 69일 동안 날마다 기도를 빠뜨리지 않았다. 안팎의 기도가 조응하여 칠레를 희망의 나라로 만들었다.

'성녀 클라라의 가난한 자매 수도회' 소속 파트리시아 프락터 수녀가 엮은 『101가지 기도의 힘 이야기』는 기도의 효능에 관한 경이로운 증거 101가지를 담고 있다.

11

점(占)과 시(詩)

01. 총설
02. 교련역법 보기
03. 교련역법 해설

총설

점占이란 팔괘 · 오행 · 육효 기타의 방법으로 길흉 · 화복을 미리 판단하는 일이다. 그러나 사람은 귀신처럼 미래를 정확하게 예언할 수 없다.

하지만 점을 음률적인 시詩로 바꾸어 그 내용을 나타내면 음산한 분위기가 사라지고 다양한 해석이 가능하여 새로운 느낌이 든다.

한자는 표의문자表意文字 즉 그림에 의해서 또는 사물의 형상을 그대로 베껴서 시각에 의해 사상이나 뜻을 전달하는 문자이다. 그러므로 한시는 점과 좋은 짝을 이룰 수 있다.

『토정비결土亭秘訣』은 '점占과 시詩'의 대표작이라 할 수 있다. 처음에 나오는 1 · 1 · 1의 괘사卦辭와 정월正月, 유월六月, 십이월十二月을 예로 들어 보자.

✛ 괘사卦辭

동풍에 얼음이 풀리니	東風解凍
마른 나무가 봄을 만나도다	枯木逢春
작게 가고 크게 오니	小往大來
작은 것으로 큰 것을 이룬다	積小成大
재앙이 사라지고 복이 오니	災消福來
마음이 편안하다	心神自安
달이 중천에 밝으니	月明中天
천지가 명랑하다	天地明朗
봄이 고국에 돌아오니	春回故國
백초가 회생한다	百草回生
이월달에는	卯月之中
반드시 귀자를 낳는다	必生貴子
큰 일을 꾀하고자 하는데	君謀大事
어찌 의심과 염려를 하랴	何必疑慮
만약 귀인을 만나면	若逢貴人

몸은 영화롭고 집은 편안하다　身榮家安

봄에 재수가 조금 통하나　春雖小通
노력이 항상 크다　勞力恒大

✢정월正月

봄날이 따뜻한데　春和日暖
봉이 인각에 새끼 치도다　鳳雛麟閣

재앙이 사라지고 복이 오니　災消福來
생남할 수다　弄璋之慶

만약 그렇지 아니하면　若非如此
재물과 밭을 더한다　進財添土

✢유월六月

만약 여자를 가까이 하면　莫近女人
구설이 두렵다　口舌可畏

만약 안씨를 가까이 하면　若近安氏
불리하리라　不利之事

출행하지 마라　莫動出行

안분함이 제일이다	安分最吉

∻ 십이월十二月

경영을 하지 마라	勿謀經營
헛되이 심력만 허비한다	虛費心力
몸은 왕성하고 재물은 없으니	身旺財消
길흉이 상반하도다	吉凶相半
많이 가고 적게 오니	大往小來
도리어 쓸데없다	反爲無用

토정 이지함과 그의 스승인 화담 서경덕徐敬德 그리고 중국의 소강절 邵康節과 제갈량諸葛亮은 천지인天地人의 정서를 자연스레 펼치던 인물들 이다.

제갈량은 중국 삼국시대 촉한蜀漢의 정치가 겸 전략가이다. 자는 공 명孔明이고 와룡臥龍 선생으로 일컬어지기도 한다.

207년 위나라의 조조에게 쫓겨 형주荊州에 와 있던 유비로부터 '삼 고초려三顧草廬'의 예로써 초빙되어 '천하삼분지계天下三分之計'를 진언進言하 고 '군신수어지교君臣水魚之交'를 맺었다. 이듬해, 오나라의 손권과 연합 하여 남하하는 조조의 대군을 적벽의 싸움에서 대파하고, 형주荊州와 익주益州를 유비劉備의 영유領有로 하였다. 그 후 수많은 전공을 세웠고,

221년 한漢의 멸망을 계기로 유비가 제위에 오르자 재상이 되었다.

유비가 죽은 후에 어린 후주後主 유선劉禪을 보필하여 다시 오吳와 연합, 위魏와 항쟁하였으나 위魏와의 국력의 차이는 어쩔 수 없어, 국세가 기울어 가는 가운데, 위魏의 장군 사마의司馬懿와 오장원五丈原에서 대진 중 병으로 사망하였다.

위魏와 싸우기 위하여 출전할 때 올린 전출사표前出師表 후출사표後出師表는 천고千古의 명문으로 이것을 읽고 울지 않는 자는 사람이 아니라고까지 일컬어진다.

제갈량의 교련역법巧連易法은 우리가 살아가는 동안 궁금하거나 어려운 문제 등에 부딪쳤을 때 지침을 받을 수 있는 묘결법妙訣法이다. 제갈량이 두문불출하고 천문天文과 지리地理를 두루 통찰하며 음양陰陽의 이치를 따라 처세의 방안을 역법易法으로 만든 시구詩句로 나타낸 것이 이 교련역법이라고 한다.

이 교련역법은 하늘과 땅의 도수度數인 55와 시각時刻의 수數인 96과 주역의 괘인 64를 더한 215에서 태극수太極數인 1을 빼 시구詩句가 214개라고 한다.

02

교련역법 보기

아래의 수數 중에서 자기가 짚고 싶은 것을 그대로 짚는다.

수數

1) 첫 번째 짚은 수를 100단위로 계산한다.

예 —— ⑤이면 5×100=500이고, ⑮이면 15×100=1,500이다.

2) 두 번째 짚은 수를 10단위로 계산한다.

예 —— ⑨이면 9×10=90이고, ⑪이면 11×10=110이다.

3) 세 번째 짚은 수를 1단위로 계산한다.

예 —— ⑦이면 7×1=7이고, ⑩이면 10×1=100이며, ⑬이면 13×1=130이다.

4) 위에서 100, 10, 1단위로 계산한 결과를 모두 합하여 215로 나눈다.
나눈 결과 나머지 수가 있으면 이것이 바로 시구의 번호이다.

예 —— 첫 번째 짚은 수가 ⑤이면→ 5×100=500

두 번째 짚은 수가 ⑨이면→ 9×10=90

세 번째 짚은 수가 ⑦이면→ 7×1=7

모두 합슴하면 500+90+7=597이다.

이 597을 215로 나눈 결과 나머지 수가 167이다. 따라서 이 167이 바로 시구의 번호
이다.

그러나 나눈 결과 나머지 수가 없으면 다시 해야 한다.

예 —— 첫 번째 짚은 수가 ⑧이면→ 8×100=800

두 번째 짚은 수가 ⑤이면→ 5×10=50

세 번째 짚은 수가 ⑩이면→ 10×1=10

모두 합슴하면 800+50+10=860이다.

이 860을 215로 나눈 결과 나머지 수가 0이다. 따라서 다시 해야 한다.

5) 우리가 살아가는 동안 궁금하거나 어려운 문제 등에 부딪쳤을
때 몸을 단정히 하고 마음을 가다듬어 천지신명天地神明의 감응을 바라

는 정성어린 자세로 이 묘결법^{妙訣法}을 활용해야 한다고 한다.

　6) 일년의 연운, 한달의 월운 등도 있지만 하루의 일운이 가장 관심의 대상이다. 그러므로 아침에 조용히 앉아 스스로를 낮추어 이 묘결법으로 자신을 가다듬어 보는 것이 현대사회를 살아가는 지혜가 될 수 있으리라고 본다.

교련역법 해설

운세해설運勢解說 시구표詩句表

1 ─ 혼돈이 처음 열리고, 하늘과 땅이 고정되고, 해와 달의 위치가 정해지고, 눈과 바람이 만나는 때이다. ➡ 할 일이 많겠구나.

混沌初開, 乾坤及定, 日月合壁, 風雪際會

2 ─ 쉬파리의 날아감은 짧은 거리에 불과하지만. 천리마의 등에 붙는다면 천 리 길도 갈 수 있다. ➡ 혼자의 힘으로는 어려우니 타인의 도움을 받으라.

蒼蠅之飛, 不過數尺步, 於驥而騰千里路

3 ─ 말을 많이 하지 말고, 변두리로 가지 말라. 비록 빼어나게 영리하더라도 한두 번의 추측만 해서는 안 된다. ➡ 자기의 재주만 믿는 것을 삼가라.

莫言多, 莫行邊, 雖是天伶百悧, 不一推二摩

4 ─ 절묘하고 절묘하다. 구름은 무심하게 산굴에서 나오고, 새는
나른하게 날며 돌아올 줄 안다. 꽃이 아름답고 아름다우니, 새가 뛰
어 오르고 뛰어 오른다.

絶妙絶妙, 雲無心以出岫, 鳥倦飛而知還, 花艶花艶, 鳥躍鳥躍

5 ─ 초록 물은 바람 때문에 주름진 얼굴이 되고, 푸른 산은 눈 때
문에 흰 머리가 되었다. 여러 도움은 모두 하늘이 세상에 주는 것인
데, 누가 억지로 구하겠는가?

綠水因風皺面, 靑山爲雪白頭, 諸般股肱, 盡是天就世, 誰强求

6 ─ 계산을 잘못하지 말라, 반드시 계산을 바르게 해라. 삼 척의
창자를 한가롭게 하지 말라. 이 척 동자가 속으로 박수 치며 늙은이
를 비웃을 것이다.

不敎盤算偏, 要盤算直, 莫歸三尺腸閑, 二尺兒意拍手笑父老

7 ─ 배가 강 가운데에 이르러서야 새는 곳을 고치고, 말이 구덩이
속에 빠진 후에야 채찍을 거두고, 새가 조롱 속에 들어간 후에야 날
아오르고, 물고기가 솥 속에 들어간 후에야 헤엄을 친다.

船到江心補漏, 馬入抗坎收鞭, 鳥入籠中躍, 魚在釜裡洋

8 ─ 좋은 경치를 감상하려는 마음이 아닌데, 어찌 반드시 눈밭을

밟으며 매화를 찾겠는가? 부지런히 심오한 마음을 타서 유쾌해지면, 고개 숙이고 돌아온다. ➜ 마음을 헛되이 갖지 말라.

不是賞心勝景, 何必踏雪尋梅, 孜孜乘奧而快, 俯首而回

9 — 작은 것을 쌓아서 이미 눈을 머금으니, 이때는 작은 재능을 매매함이 모호하다. 지금부터는 좋은 세월을 자랑하지 말라. ➜ 잔꾀가 통하지 않는다.

積細旣含雪, 此時糊塗少伎買賣, 自今好紀休誇

10 — 지나치게 즐거워해서는 안 된다. 이루어진 후에는 파손되니, 겸양하여 마음을 다하고 힘을 다해야 한다. 작은 아교로 황하를 칠하여 막을 수는 없다.

莫樂莫樂, 成而後破損, 讓備盡心竭力, 寸膠不足塗黃河

11 — 바람이 훈훈하고 그림자가 어지럽지 않으니, 소박하게 연구하고 끝까지 공부해야 하리라. 끝을 신중히 해도 염려가 이어지니, 나중은 처음의 고단함만 못하리라.

風薰影莫亂, 朴究竟費工夫, 愼終仍慮, 後不若初孤單

12 — 풀밭을 쳐서 뱀을 놀라게 하고, 산을 쳐서 호랑이를 움직이게 하여, 뱀이 도망치고 호랑이를 잡기를 기대하는데, 다만 수족을

놀리지 못할까 두렵다.

打草驚蛇, 歐山振虎, 以待蛇竄虎撲, 唯恐不措手足

13 ─ 물건에는 각각 주인이 있는데, 반드시 장차 정해짐이 있다.
눈 속에 시체를 묻고, 오래되면 저절로 밝혀지게 된다. ➜ 헛된 생각을
갖지 말라.

物各有主, 須且消停, 雪裡埋尸, 久而自明

14 ─ 여우는 호랑이의 위세를 빌리고, 개는 사람의 위세 속에 엎
드린다. 거짓은 알려지게 되니, 모두 무익하다.

狐假虎威, 狗伏人勢, 弄到其間, 盡是無益

15 ─ 조그만 모충으로써 바다를 측량하려 하고, 우물 속에 앉아서
하늘을 관찰하려 한다면, 비록 견식이 있더라도 헛수고일 뿐이다.

以蠡測海, 坐井觀天, 雖有見識, 是枉然

16 ─ 꾀꼬리가 장막 위에 집을 짓고, 물고기가 가마솥 안에서 헤
엄치니, 눈앞에서 땅을 얻더라도, 가슴 뒤에는 바람이 일어나네.

鶯巢幕上, 魚遊釜中, 眼前得地, 胸後生風

17 ─ 하나를 얻으면 거기에 만족할 줄 알아야 하고, 목적을 달성
하면 지금까지의 수단을 접어 두어야 하며, 영원을 생각하면 일시적
인 얕은 꾀를 삼가야 한다.

得隴望蜀, 得魚忘筌, 天長日久, 人憎狗賺

18 ─ 두더지와 검은 노새라도 기예가 있고 능력이 있으니, 그 익숙한 자취를 살펴서, 능한 자식들이 기예를 다투네.

鼴鼠黔驢, 有技有能, 考其貫迹, 能子爭技

19 ─ 기기묘묘한 신기루가 한 물결의 좋은 경치이지만 도리어 풍랑 머리에 있다. 눈에 보이는 좋은 것에는 항상 위험이 도사리고 있는 것이다.

奇奇海市, 妙妙蜃樓, 一波佳景, 却在浪頭

20 ─ 검은 구름이 해를 가리고, 검은 돼지가 하수를 건너고, 교외가 흐릿하니 까마귀가 까악까악 우네. ➡ 일은 잘되지 않고 소문만 그럴듯하게 퍼진다.

烏雲搜日, 墨猪渡河, 郊外濛濛, 日鳴閣閣

21 ─ 눈 녹은 물로 차를 끓이고, 계수나무 꽃을 넣어 술을 데우니, 일반의 맑은 맛들은 입에 대기 어려울까 두렵네. ➡ 과분한 일을 바라니 불안하구나.

雪水烹茶, 桂花煮酒, 一般淸味, 恐難到口

22 ─ 허 하다가 다시 실 하고, 실 하다가 다시 허 해지니, 벼 머리에서 귀가 나오고, 구멍에서 물고기가 생겨나네. ➡ 일에 마魔가 따른다.

虛而復實, 實而却虛, 禾頭産耳, 簹裡生魚

23 ─ 통곡하고 동정하지만, 사물에는 각기 정해진 기한이 있으니, 들으려고 해도 들을 수 없고, 보려고 해도 볼 수가 없네.

可哭可憐, 物各有限, 聽之不聞, 視而不見

24 ─ 바람으로 빗질하고 비로 목욕하여, 황제의 은혜를 이고 달빛 받으니, 언제 노래할 것 인가? 곧장 삼경에 이르렀네. ➜ 애를 써 나가면 좋은 일이 있으리라.

櫛風沐雨, 戴皇被月, 何時可歌, 直到三更

25 ─ 개구리가 북을 치고 꾀꼬리는 꿈꾸고, 무지개 활을 동쪽으로 기울고, 잠자리가 날며 춤추고, 나비는 꽃 사이를 뚫고 가네. ➜ 좋은 일이 다가온다.

蛙鼓鶯夢, 虹弓東斜, 蜻蜓飛舞, 蝴蝶穿花

26 ─ 붉은 해가 하늘을 가리고, 초록 향부자가 땅을 덮고, 물고기 노는 달밤에 조용히 앉아서 복을 독점하여 스스로 지니네. ➜ 자기의 세력만 믿고 한가하구나.

紅日遮天, 綠莎蓋地, 魚月穩坐, 專祿自持

27 ─ 나무에 도끼질을 하고 또 하는데, 순조로움은 적고 어긋남이

많네. 펼 수 있는 신기한 기예를 지녔더라도 또한 어찌하지 못하네.

伐柯伐柯, 順少逆多, 擄有神藝, 亦未如何

28 ─ 등불 기름이 다 타버리고, 물시계는 물방울소리 조용한데, 한 번 닭 울음소리를 듣고 소요하며 스스로 노래하네. ➜ 다행이로구나

燈油耗盡, 漏靜滴徹, 一聽鷄鳴, 逍遙自歌

29 ─ 떠나가는구나!

離矣哉

30 ─ 산은 높지 않아도 신선이 있으면 유명해지고, 물은 깊지 않아도 용이 있으면 영험해지네.

山不生高, 有仙則名, 水不在深, 有龍則靈

31 ─ 만송이 붉은 구름이 옛 관부로 이어지고, 한 둥근 밝은 달은 앞 냇물을 비추네. ➜ 일이 뜻대로 잘 풀리겠구나.

萬朵紅雲連旧府, 一輪明月照前川

32 ─ 백옥루 안에서 옥적을 부니, 홍매각 위에 매화가 떨어지네.

白玉樓中吹玉笛, 紅梅閣上落梅花

33 ─ 참죽나무와 원추리가 함께 무성하고, 난과 옥이 나란히 향기롭네.

椿萱幷茂, 蘭玉聯芳

34 ― 눈이 오니 버드나무가 조용하고, 달이 지니 누대가 비었네.

雪來柳淨, 月落樓空

35 ― 한 나무가 어찌 큰 집을 지탱하겠는가?

一木, 焉能支大廈

36 ― 옥 제비비녀를 옆에다 던져 놓았네.

玉燕投側

37 ― 경거망동하지 말고, 작은 실마리를 상세히 살펴라. 좋은 새
가 나무 머리에 있으니 모두 붕우들이고, 낙화가 수면에 있으니 모두
문장들이네.

莫輕狂, 細端詳, 好鳥枝頭, 皆朋友, 落花水面, 盡文章

38 ― 포위당하여 뚫기가 어렵네.

賴圍難徹

39 ― 미리 삼가 말하고 신중히 행동하라, 경박한 자취는 이별의
탄식을 하게 한다.

預謹言愼行, 惹跡掌離嗚

40 — 연어를 단지 서강의 물에서 얻었는데, 벽력 한 소리에 구천에 이르렀네. ➡ 꿩 먹고 알 먹고로구나

鉛漁只得西江水, 霹靂一聲致九天

41 — 양 손으로 명리의 길을 열었는데, 한 어깨에 복사꽃이 다 진 낙양의 봄이네.

兩手劈開名利路, 一肩桃盡洛陽春

42 — 기세로 도박하지 말고, 남과 도박하지 말라. 비록 긴 채찍이 있더라도 말의 배에는 미치지 못한다.

莫氣賭, 莫人賭, 雖有長鞭, 不及馬腹

43 — 맹인이 눈 먼 말을 타고, 한밤중에 깊은 못에 임했네.

盲人騎瞎馬, 夜半臨深池

44 — 참으로 좋구나!

眞好

45 — 하늘이 용납하지 않는다.

老天不容

46 — 하늘이 덮어주고 땅이 실어주니, 만물이 우러러 의지하네. 학이 구고에서 우니 소리가 구름에서 들리네. ➡ 성공해서 이름을 떨치리라.

天覆地載, 萬物仰賴, 鶴鳴九皐, 聲聞雲

47 — 좌우에서 운전하고, 앞뒤에서 옹위하여 임하니, 부인은 말을
하지 않으나, 말이 반드시 심중에 있네.

左右運転, 前後擁菆, 夫人不言, 言必有中

48 — 물속의 달이요, 거울 속의 꽃인데, 이러한 풍경이 누구 집에
떨어지는가?

水中之月, 鏡裡之花, 凡般幻景, 落在誰家

49 — 바다는 파도치지 않고, 바람은 나뭇가지를 울리지 않고, 눈
은 여섯 꽃잎을 내어 날리며, 반공에서 휘날리네. ➜ 일이 순조롭지 않겠
구나.

海不揚波, 風不鳴條, 雪飛六出, 半空飄飄

50 — 가을바람은 뜻이 있어서 버드나무를 시들게 하고, 차가운 이
슬은 소리가 없지만 계수나무 꽃을 길하게 한다. 가을바람이 불면 버
드나무는 시들게 마련이지만, 찬 이슬이 내리면 비로소 계수나무의
꽃이 피게 된다. 같은 가을이지만 이처럼 사물의 영고성쇠가 다르기
마련이다.

秋風有意殘楊柳, 冷露無聲吉桂花

51 — 매화는 두루 능히 눈의 차가움을 견디고, 국화는 시들었으나

도리어 서리를 이겨내는 가지가 있네. ➜ 인내하면 마침내 좋은 결과가 오리라.

梅老偏能耐雪冷, 菊殘却有傲霜枝

52 ─ 능하다. ➜ 이긴다. 해낸다. 된다.
能

53 ─ 한마음의 흰 눈이 따뜻한 봄을 넘어오고, 양 소매에 맑은 바람 부는 달밝은 가을이네. ➜ 뜻하는 바를 늦게서야 기대할 수 있겠구나.
一心白雪陽春越, 兩袖淸風明月秋

54 ─ 떠나다. ➜ 헤어지다. 떠돌아 다니다.
離

55 ─ 두 마리 꾀꼬리가 푸른 버드나무에서 울고, 한 무리의 백로가 푸른 하늘로 올라가네. ➜ 생각하고 있는 일이 순조롭게 이루어져 나가리라.
兩個黃鸝鳴翠柳, 一行白鷺上靑天

56 ─ 봄 밤에 온 들에 초록이 발생했는데, 바람이 한 천향을 깎아서 가네. ➜ 좋구나!
春夜發生千野綠, 風刮去一天香

57 ─ 어젯밤 비에 꽃이 졌는데 여전히 떨어지지 않고, 오늘 아침

이슬이 축축하니 또 다시 피어났네. ➡ 어려움을 극복하고 마침내 뜻을 이루리라.

昨雨花殘猶未落, 今朝露濕又重開

58 — 좋다.

好

59 — 한 무더기 새 떼 같은 구름이 새와 까치를 놀라게 하고, 반 하늘의 잔월은 누구 집에 떨어지는가? ➡ 애써 한 일이 남 좋은 일이 되겠구나.

一朶鳥雪驚鳥鵲, 半天殘月落誰家

60 — 구천의 해와 달은 창성한 구름을 열고, 만리의 바람과 구름은 웅장한 모습을 일으키네. ➡ 번성하고 발전하리라.

九天日月開昌雲, 萬里風雲起壯圖

61 — 바야흐로 복을 내고 재물을 낳는 땅을 떠나가서, 또 금이 쌓인 옥문으로 들어가네.

方離發福生財地, 又入金積玉門

62 — 반드시 밥통을 열어 놓은 후에 음식을 구걸하니, 복사뼈를 절단하여 발뿌리로 정한 사람이네. ➡ 딱하구나.

須放開肚後吃飮, 切趾定脚根爲人

63 ― 한 걸음 문전으로 나아가니, 완전한 봄 색을 더하네.

進一步門前, 添十分春色

64 ― 봄바람은 약한 버드나무를 일으켜주고, 보슬비는 어린 싹을
적셔주네.

春風拂弱柳, 細雨潤方苗

65 ― 마음 속에 험한 일이 없으니, 귀신이 문을 두드려도 두려워
하지 않네.

必中無險事, 不怕鬼叫門

66 ― 가능하다.

可也

67 ― 안 된다.

不能

68 ― 닭을 잡을 일에 어찌 소를 잡는 칼을 쓰겠는가?

割鷄之事, 焉用牛刀

69 ― 까치가 둥지를 지어 놓으니, 비둘기가 그 곳에서 사네.

維鵲有巢, 維鳩居之

70 ― 옥장좋은 술이 입을 적셔주고, 옥로가 마음을 적셔주네.

瓊漿潤口, 玉露滋心

71 ― 별이 옮겨가고 북두성이 도니, 옛 것을 버리고 새 것을 만드
네.

星移斗轉, 去旧幻新

72 ― 호랑이 굴에 들어가지 않는다면 어찌
호랑이 새끼를 얻겠는가?

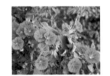

不入虎穴, 焉得虎子

73 ― 도요새와 조개가 서로 대치하고 있는데, 늙은 어부가 이익을
얻네.

鷸蚌相持, 漁翁得利

74 ― 봉황의 깃털은 아름다움을 이루어주고, 기린의 발은 상서로
움을 올리네.

鳳毛濟美, 麟趾呈祥

75 ― 향기로운 난은 수려함을 다투고, 옥 같은 버들은 향기를 피
우네.

芳蘭競秀, 玉柳生香

76 ── 위태롭지도 않고 험하지도 않으니, 떠나간 후에 돌아오네.

不危不險, 去而後還

77 ── 보검 태아검을 거꾸로 잡으니, 누구에게 유리하겠는가?

太阿倒持, 於誰有益

78 ── 봄이 남쪽에 있으니 물고기가 엎드려 있고, 가을이 깊으니 사슴이 우네.

春南魚伏, 秋高 瀉鹿鳴

79 ── 호랑이를 거느리고 걸식하니, 손해만 있고 이익은 없다.

幇虎吃食, 有損無益

80 ── 버드나무 가지는 고요하고자 하지만 바람이 그치지 않는다.

柳絲靜, 而風不息

81 ── 귀뚜라미와 잠자리가 춤추며 날고 있는데 연못이 앞에 있구나. ➔ 위험하다.

蜻蜓飛舞在池塘

82 ── 큰 버드나무를 벌목하여 땔나무로 태우네.

伐倒大柳有柴燒

83 ── 밝은 달을 바라보니 인가로 떨어지네.   ➡ 다 된 일이 어긋난다.

眼看明月落人家

84 ── 바로 견우성과 직녀성이 오작교를 건널 때를 만났네.

正遇雙星渡鵲橋

85 ── 생각함이 있네.

有想

86 ── 한 줄기 밝은 길이 곧장 푸른 하늘까지 멀리 뻗었는데, 도중에 그만 누니, 한탄스럽고 슬프다.

一條明路, 直遠靑天, 半途而廢, 可嘆可憐

87 ── 나뭇가지를 베고 또 베며, 멀리 갔지만 많지 않아서, 본래 손발을 소비했지만 다시 풍파는 없으리라.

伐柯伐柯, 卽遠不多, 本費手脚, 更無風波

88 ── 한가할 때는 달을 감상하고, 바쁠 때는 바람 속에 꿇어 앉네. 희롱이 그 사이에 이르니, 안은 고요하고 밖은 비었네.

閑時賞月, 忙裏跪風, 弄到其間, 內靜外空

89 ── 우러러 천지에 의지하며, 어찌 반드시 이익을 말하랴? 다만 반드시 근검함이 옳다.

仰賴天地, 何必日利, 只須儉是可

90 ─ 부질없는 인생이 꿈과 같으니, 망령되게 탐욕을 부리지 않는다. 배양함이 긴 즐거움이니, 능히 참으면 스스로 평안하다.

浮生若夢, 不用妄貪, 封是長樂, 能忍自安

91 ─ 강물로 마음을 씻고, 달빛으로 간을 비추니, 어찌 내 마음을 남쪽으로 향하랴? 떠나지 못하고 떠나지 못한다. ➜ 다툴 마음을 버려라.

江水洗心, 月照肝, 爭南我心, 不離不離

92 ─ 좋구나! 온갖 것이 이루어지고, 천둥을 제왕으로 삼지 않으니, 어찌 반드시 바람이 쓸어 가겠는가?

好好一了百了, 不帝雷驚, 何須風掃

93 ─ 흩어졌다가 합하고, 다시 이루어지면 반드시 파괴된다. 다시 입술과 혀를 낭비하지만, 또한 어찌하지 못한다.

離而合, 復成而必破, 再費唇舌, 亦未如何

94 ─ 문 앞은 호랑이에게 이르고, 뒷문은 이리에게 나아가니, 신중하고 신중하여서 절대로 억지로 구하지 말라.

門前抵虎, 後戶進狼, 愼之愼之, 切勿强求

95 ─ 세상에서 풍파를 일으키지 않으니, 다만 가슴 속에 얼음과

숯불이 없네.

不作風波於世上, 只無氷炭在胸中

96 — 번민하지 말고, 탄식하지 말라. 운명이 팔 척의 몸이건만 큰
마음을 구하기 어렵네.

莫憫恨, 莫嘆, 命裡八尺, 難求心大

97 — 그 사이에서 거문고^{금쪽} 연주를 자랑하며, 다만 좋은 꿈 속에
서 해강이 술 취하여 옥산처럼 쓰러지는 것도 깨닫지 못하네. ➡ 일장
춘몽이라.

間裡只誇金星, 好夢中不覺玉山頹

98 — 사나운 호랑이가 싸우고, 나는 용이 다투고, 물이 빠지자 바
위가 드러나고, 초목들은 어둡고 비린내가 나네. ➡ 앞이 혼미하구나.

猛虎鬪, 飛龍爭, 水落石出, 草木昏腥

99 — 떨어진 꽃잎은 흐르는 물에서 아득히 흘러가고, 크게 품은
문장은 모두 구름에 있네.

落花流水杳然去, 大懷文章盡居雲

100 — 한 동이 좋은 술을 기울이고, 거친 들에 비 내리고, 소매 속
의 봄바람은 묵은 먼지를 털어내네.

一樽美醴傾, 荒野雨, 袖春風拂故塵

101 ― 글이 풍족하여 바야흐로 능히 원만하니, 쾌락을 그 곳에서 구하고, 곧 재원을 일으키네.

書足方能圓, 快樂吃焉, 纔是發財源

102 ― 사나운 비가 복사꽃의 색을 재촉하여 시들게 하고, 서늘한 바람이 불어서 버드나무 가지를 치네.

苦雨摧殘桃花色, 凄風吹打楊柳枝

103 ― 재물을 일으킴이 극에 이르면 마땅히 먼저 물러나고, 뜻을 얻음이 무르익으면 곧 즐겁게 멈춰야 한다.

發財臻極宜先退, 得意至濃便好休

104 ― 등불 불똥이 확 타오르고등불 불똥이 갑자기 폭발하면 좋은 일이 있다고 함, 기쁘게 까치가 울고, 꾀꼬리가 쌍으로 옛 둥지로 돌아오네.

燈花振, 喜鵲叫, 鶯子雙返故巢

105 ― 바람 속의 등불과 풀잎의 서리가 쌍으로 빛나고 있지만 오래가지 못한다.

風中燭, 草霜, 雙耀耀, 不久長

106 ― 복사꽃의 붉은 꽃잎은 다시 저녁 비를 머금고, 버드나무 초록 잎은 다시 아침 연기를 띠었네.

桃紅復含宿雨, 柳錄更帶朝烟

107 ─ 세발솥의 다리가 부러지고, 수레의 바퀴살이 벗겨지고, 해가 지나감이 없고, 바람이 등불에 분다.

鼎折足, 車脫輻, 日過無, 風吹燭

108 ─ 작은 마음으로 밖의 일에 힘쓰지 말라. 한 걸음이 어긋나면 백 걸음이 바르지 않게 된다.

小心哉莫務外, 一步錯, 百步不正

109 ─ 복사꽃과 오얏꽃이 춘색을 다투는데, 봄이 지나가니 복사꽃이 옮겨가네.

桃李爭春色, 春去桃花搬

110 ─ 산을 아홉 길 높이로 쌓는데, 공적은 한 삼태기의 흙이 부족하네.

爲山九仞, 功虧一簀

111 ─ 처음에는 산이 무너지는 것 같았는데, 나중에는 실을 뽑는 듯하네.

先如山倒, 後若線抽

112 ─ 동쪽 모퉁이에서 잃어버리고, 상유해가 질 때를 말함에서 수습하네.

失之東隅, 收之桑榆

113 ━ 고니를 새겼는데 따오기와 같고, 호랑이를 그렸는데 개를 그려냈네.

刻鵠類鶩, 畫虎成狗

114 ━ 붉은 매화가 열매를 맺고, 푸른 대나무에 죽순이 솟아났네.

紅梅結子, 綠竹生孫

115 ━ 앞 수레의 전복은 뒷수레의 귀감이 된다. ➡ 실패는 성공의 어머니이다.

前車之覆, 後車之鑑

116 ━ 하늘에게 죄를 지으니, 기도할 곳이 없네.

獲罪於天, 無所禱也

117 ━ 중도에 그만두면, 사람이 스스로 눈물을 흘리게 한다.

半途而廢, 令人自淚

118 ━ 옥을 아침에 쪼고 저녁에 갈아내면, 그 분수가 어떠하겠는가? ➡ 성공하리라.

朝琢夕磨, 其如分何

119 ━ 사람의 명줄은 실과 같으니, 망상을 해서는 안 된다.

命縷如線, 不可妄想

120 ── 정위炎帝의 딸인데 동해에 빠져 죽어서 새가 되었는데, 동해를 메우려고 西山의 나무와 돌을 물어다가 메운다고 함가 돌을 물고, 노력하는 마음을 세워서 견디네.

　　精衛御石, 柱勞心抗

121 ── 마음을 참기 어려우면, 마음이 편안하기 어렵다.

　　於心難忍, 於心難安

122 ── 일이 자기에게서 비롯되지 않았는데, 어찌 반드시 서두르겠는가?

　　事不于己, 何必石急

123 ── 구하면 얻을 수 있고, 주우면 잃게 된다.

　　求則得之, 拾則失之

124 ── 대롱 구멍으로 표범을 보고, 우물 안에서 하늘을 본다.

　　管中窺豹, 井底觀天

125 ── 이미 이와 같음을 알았는데, 어찌 반드시 이와 같이 할 것인가?

　　旣知如此何必如此

126 ── 길을 알았으면 그림자를 드리우지 말라. 누가 와서 물으면 지체말고 가르쳐 주어라.

知道莫影, 却來問誰

127 — 나비와 벌이 동쪽에 있으니, 감히 막을 수가 없다.

蝶蜂在東, 莫之敢止

128 — 서린 안개를 열고 푸른 하늘을 본다.

撥開置霧, 見靑天

129 — 진흙을 둥글게 뭉치면 함곡관函谷關도 막을 수 있다.

丸泥, 可以封函關

130 — 꽃이 피었는데, 능히 얼마 동안 붉을 수 있을 것인가?

花開, 能有幾時紅

131 — 한마음으로 뜻을 합하여 운제높은 사다리를 올라가네.

同心合意步雲梯

132 — 낚싯대로 밝은 달빛 아래 맑은 바람을 낚네.

一竿明月釣淸風

133 — 손바닥 위의 명주가 거름 더미에 묻혔네. ➜ 실물과 손재를 조심하라.

掌上明珠埋糞土

134 ― 못 가에서 거문고를 껴안으니 봉황의 깃털만 있네.

池上抱琴有鳳毛

135 ― 기린의 발밑에 봄이 깊으니 옥당으로 걸어가네.

麟趾春深步玉堂

136 ― 월계가 어찌 고니 알을 품을 수가 있겠는가?

越鷄焉能卵抱鵠卵

137 ― 꾀꼬리와 비둘기가 어찌 감히 대붕을 비웃을 수 있겠는가?

鶯鳩焉能敢笑大鵬

138 ― 봄풀 돋은 못가 곳곳에 개구리소리네. ➡ 때를 만났다.

春草池塘處處蛙

139 ― 새와 짐승과는 함께 무리가 될 수 없다.

鳥獸不可與同群

140 ― 푸른 꽃받침이 날아간 후 다시 날아오네.

靑趺飛去後飛來

141 ― 버드나무가 무성하고 꽃이 밝으니 별도의 천지가 있네.

柳暗花明別有天

142 ── 쌍도끼로 외로운 버드나무를 찍어내네.

雙斧伐孤柳

143 ── 천 가지 매운 맛이 창자를 찌르네.

千辛刺腹

144 ── 백 가지 신맛이 창자를 움켜잡네.

百酸攬腸

145 ── 한 치의 걸음도 가기 어렵네.

寸步難行

146 ── 어리석은 마음과 망령된 생각이네.

痴心妄想

147 ── 돌며 뒤집히는 도랑을 상세히 보네. ➜ 일어설 수 있겠구나.

般翻詳溝

148 ── 도운이 한 걸음을 얻었네. ➜ 이름이 높아진다.

桃雲得步

149 — 떠난다. 이별한다. 헤어진다.

離

150 — 함부로 경거망동하지 말라. 새가 앉은 나뭇가지가 좋기 때문에 모두 친구가 되는 것이다. 떨어지는 물의 마음은 문장만이 알 수가 있으리라.

莫輕狂, 須開量, 好鳥枝頭, 皆朋友, 落水面盡文章

151 — 사람은 만물 중에서 영^靈을 가진 좋은 후손을 둘 수 있고 만물은 영기靈氣가 쌓이면 정신이 좋아 지느니라.

人萬物靈兒, 好萬物積靈, 而弄積精而

152 — 수심에 싸여 근심을 향하는 것은 불타는 이불로 머리를 덮고서 잠들어서 깨어나지 못하는 것이다. ➜ 몽롱한 상태를 벗어나라.

堪愁向憂, 火被蒙頭, 睡而不醒

153 — 궁하고 통함에는 운명이 있고, 부귀는 하늘에 달려있다. 더욱 얻을수록 전혀 소모하지 않는다면, 궤짝이 가득 차게 된다.

窮通有命, 富貴在天, 顚得絶盡, 櫃旺然

154 — 굼뱅이와 좀벌레들이 사방들에 생겨나니, 미워해도 없어지지 않고, 제거해도 그치지 않는다.

蝱騰蠹賊, 陟生四野, 惡之不盡, 去之不己

155 ─ 참성參星은 서쪽에 있고, 상성商星은 동쪽에 있어서, 비록 방
위에 있지만, 영원히 상봉하지 못한다.

參居於西, 商居於東, 雖有方位, 永不相逢

156 ─ 대나무는 본래 무심하지만, 가지와 잎이 생겨남이 많다. 비
록 구멍이 있지만, 먼지에 오염되지 않는다.

竹本無心, 多生枝葉矣. 雖有孔, 不染塵埃

157 ─ 주머니에 돈이 없도다.

囊內錢空

158 ─ 새는 급히 나무로 달아나고, 개는 급히 담을 넘어간다. ➜
머뭇거리고 있으면 해를 입는다.

鳥急奔樹, 狗急跳墙

159 ─ 능하다. 이긴다. 해낸다. 된다.

能

160 ─ 산이 붕괴되고, 물이 빠지니, 뾰쪽한 물고기들인데, 사람마
다 문장을 토하고, 버드나무마다 안개에 싸여있음을 분별하네. ➜ 위
험이 닥치고 있으니 잘 헤아려 대처하라.

山崩水落尖魚, 人人吐文, 柳柳冒烟, 分辨

161 ── 바람 속에서 타고 있는 촛불이고, 가뭄 든 땅에서 불이 타고 있으니, 향하는 마음은 있더라도, 명리는 도리어 없네.

風裡燒燭, 旱地拿燃, 向心雖有, 名利却無

162 ── 하늘이 만물을 내는 것은 까닭이 있기 때문인데, 어리석은 마음과 망령된 생각을 하늘이 돌아보겠는가.

天之生物, 因時而篤, 痴心妄想, 天亦不顧

163 ── 너무 기뻐하지 말라. 처음과 끝이 어긋나게 된다. 사람의 터럭만치의 차이가 천리를 벗어나게 할까 두렵다.

莫喜莫喜, 始終左底, 差人毛釐, 恐謬千里

164 ── 그 근본을 헤아리지 않고, 그 말단을 가지런하게 하면, 비록 가지런하게 될지라도 나중에 근심이 있지 않을까 두렵다.

不揣其本, 而齊其末, 雖濟然, 恐有後慮

165 ── 과보신화 속의 걸음이 빠른 사람가 달을 쫓아가고, 기나라 사람이 하늘이 무너질까 근심한다. 마음은 작은데 큰 것을 생각하니, 이익이 망연히 아득하다.

夸父逐月, 杞人憂天, 心小袍大, 利益茫然

166 ─ 뱃전에 표시하여 강물에 빠진 칼을 찾으려고 하고, 배를 갈라서 감춘 구슬을 찾으려고 한다. 혈기의 마음은 경경하게 빛나지만 명리는 허망하다.

刻舟求劍, 剖腹藏珠, 血心耿耿, 名利虛虛

167 ─ 사람이 꾀를 내어 일을 도모하지만 근본이 튼튼하지 못하면 실패하고 말리라.

爲人謀, 何所圖, 成了賺坏, 骨敗而落

168 ─ 얼음은 물에서 나왔지만 물보다 더 차갑고, 푸른색은 쪽풀에서 나왔지만 쪽풀보다 더 푸르다.

氷生於水而寒於水, 靑出於藍而勝於藍

169 ─ 어찌 할 건가? 어찌 할 건가? 황하의 중류에서 지주험한 암초를 만나고, 평지에서 풍파를 만난다.

可奈何, 可奈何, 中流見砥柱, 平地風波

170 ─ 유수와 민수의 물 맛은 마땅히 분별되고, 경수와 위수의 맑음과 흐림은 당연히 구분된다.

溜澠之滋味宜辨, 涇渭淸濁當分

171 ─ 억지로 구하지 말라. 한 향초와 한 누린내풀은 십분 자신의 냄새를 지니고 있다.

莫强求, 一薰一蕕, 十分尙有其臭

172 ─ 성을 갉는 사당의 쥐를 본받느니, 차라리 개를 치는 바람난 닭을 본받는 것이 낫다.

與效城抓社鼠, 寧爲打犬風鷄

173 ─ 달리는 한로고대의 유명한 개 이름가 절뚝이는 토끼를 잡네.

走韓盧行搏蹇免

174 ─ 하루살이가 인가의 시든 꽃에 떨어지네.

蜉人家落殘花

175 ─ 계륵닭갈비은 올리기에 부족하다.

鷄肋不足尊拳

176 ─ 개꼬리에 담비꼬리가 이어서 붙었구나.

狗尾續貂

177 ─ 부러진 대나무가 죽순을 가로막고 있구나.

破竹遮筍

178 ─ 물고기의 그물뿐이다.

罟 罟 罟

179 ― 생각을 가지고 있다.

有想

180 ― 누구를 믿을 수 있을까?

莫誰

181 ― 이미 경중을 알았는데, 어찌 사용하겠는가? 정녕 멈춰야 할
때는 멈춰야 하고, 가야 할 때는 가야 한다.

旣知重輕, 何用, 叮嚀可止則止, 可行則行

182 ― 계란으로 돌을 치는구나.

以卵撞石

183 ― 바다 밑에서 달을 건지려 하는구나.

海底撈月

184 ― 좋은 경치와 별빛이 문에 들어오고 있구나.

景星入戶

185 ― 개미 떼가 방석에 붙어있구나.

群蟻附氈

186 ― 오얏나무가 길가에서 자라고 있구나.

李生道傍

187 ─ 꽃이 상림원^{上林苑} 궁중의 정원에 피었다.
花發上林

188 ─ 좋은 것은 감히 말하지 않는다.
不敢說好

189 ─ 황하가 맑고, 바닷물이 평온하다.
河淸海晏

190 ─ 천하가 태평하구나.
天下泰平

191 ─ 전혀 좋은 바가 없다.
絶無所好

192 ─ 썩은 나뭇가지에 시든 나뭇잎이다.
枯枝敗葉

193 ─ 한 나무가 천년이나 살고 있구나.
一木千天

194 ─ 부러진 보릿대가 배나무를 쪼갠다.

破麥剖梨

195 ─ 형세가 부러지고 말라버린 나뭇가지 같다.

勢若摧枯

196 ─ 꺾이고 마르고 부러지고 썩었다.

摧枯拉朽

197 ─ 큰 그릇은 늦게 이루어진다.

大器晩成

198 ─ 가득 차면 반드시 기울게 된다.

大滿必傾

199 ─ 화려한 옷이 이름을 이룬다.

姜裴成號

200 ─ 성에 불이나니, 재앙이 물고기에게까지 미친다.

城火殃魚

201 ─ 만족스럽고, 사랑스러운데 꽃이 마당가에 떨어지네. ➜ 아깝지만 도리가 없구나.

可厭可憐, 花落庭間

202 ─ 깨어 있는데 술잔이 없고, 반찬은 있는데 밥이 없고, 기회가
있는데 도박판이 없고, 대화하는데 할 말이 없다.

有醒離酌, 有膳離飧, 有會離賭, 有話離言

203 ─ 사람이 곧 귀신이고, 귀신이 곧 사람이니, 사람들이 모이면
귀신을 놀리고, 귀신들이 모이면 사람을 놀린다.

人卽是鬼, 鬼卽是人, 人會弄鬼, 鬼會弄人

204 ─ 밝은 그림이 수심 짓지 않고, 도리어 와서 나에게 포부를 묻
네.

明畫莫愁, 却來問我袍

205 ─ 이미 알았으면 행해야지, 어찌 반드시 와서 점을 치는가?

旣知是爲, 何必來占

206 ─ 뜻을 얻었으니 다시 갈 수 없다.

得意不可再往

207 ─ 좋은 일이 없는 것만 못하다.

好事不如無

208 ━ 일은 자신으로부터 비롯되지 않는다

事不由己

209 ━ 누가 이룸이 있다고 말하는가?

誰說有成

210 ━ 가可함도 없고 불가不可함도 없도다.

無可無不可

211 ━ 스스로 화액을 불러들이는구나.

自惹其禍

212 ━ 필요하지 않다. 되지 않는다.

不必

213 ━ 좋다. 좋아한다. 형통한다.

好

214 ━ 아무리 생각해도, 부귀는 하늘에 달려있고, 궁함과 통함에는 운명이 있다.

雖究富貴在天窮通有命

12

우리의 고향은
어디인가

01. 고향송(故鄕頌)
02. 학송(鶴松) 스님 이야기
03. 묘약(妙藥)을 개발하라

고향송故鄕頌

　'사슴의 시인' 노천명盧天命은 황해도 장연군長淵郡 전택면專澤面에서 태어났다. 어릴 때 홍역을 앓아 사경을 헤매다 소생했기 때문에 아명兒名인 기선基善을 천명天命으로 바꾸었다. 1919년 서울로 이사와서 진명여자고등보통학교를 거쳐 이화여전 영문학과를 졸업했다. 남빛 치마와 흰 저고리를 즐겨 입었다는 노천명 시인은 평생 독신으로 살다 46세를 일기로 사망했다.

　여성다운 섬세한 서정을 절제된 언어로 표현하였는데 주로 애틋한 향수와 향토색 짙은 고독을 노래하였다.

　고향故鄕이란 일반적으로 자기가 태어나서 자라난 곳, 자기 조상이 오래 누려 살던 곳 또는 마음이나 영혼의 안식처를 뜻한다. 시詩와 가까울 수 있는 고향은 자기가 태어나서 자라난 곳이거나 마음이나 영혼의 안식처일 것이다

　노천명 시인의 시詩 '고향'은 자기가 태어나서 자라난 곳을 노래한

것으로 볼 수 있다.

고향

언제든 가리
마지막엔 돌아가리
목화꽃이 고운 내 고향으로
조밥이 맛있는 내 본향으로

아이들 하눌타리 따는 길머리엔
학림사鶴林寺 가는 달구지가 조을며 지나가고
대낮에 여우가 우는 산골
등잔 밑에서
딸에게 편지 쓰는 어머니도 있었다

둥굴레산에 올라 무릇을 캐고
접중화 싱아 뻐꾹채 장구채 범부채
마주재 기룩이 도라지 체니 곰방대
곰취 참두릅 개두릅 홋잎나물을
뜯는 소녀들은
말끝마다 꽈 소리를 찾고
개암쌀을 까며 소녀들은
금방망이 은방망이 놓고 간

도깨비 얘기를 즐겼다

목사가 없는 교회당

회당지기 전도사가 강도상講道床을 치며

설교하는 산골이 문득 그리워

아프리카서 온 반마斑馬처럼

향수에 잠기는 날이 있다

언제든 가리

나중엔 고향 가 살다 죽으리

메밀꽃이 하얗게 피는 곳

나뭇짐에 함박꽃을 꺾어 오던 총각들

서울 구경이 원이더니

차를 타보지 못한 채 마을을 지키겠네

꿈이면 보는 낯익은 동리

우거진 덤불에서

찔레순을 꺾다 나면 꿈이었다

    중국 당唐나라 시인 최호崔顥는 등황학루登黃鶴樓란 시에서 '날이 저무
는데 내 고향은 어디 쯤일까'라고 노래하였다. 시인 최호가 다룬 '황
학루黃鶴樓'는 「고향」＝「마음이나 영혼의 안식처」로서 '우리의 이상향理
想鄕은 어디인가'를 노래한 것으로 볼 수 있다.

황학루는 강남 3대 누각 중 하나로서 천하절경天下絶景을 감상할 수 있는 명루名樓이다. 그래서 백거이白居易, 육요陸游, 양신楊愼, 장거정張居正 등 많은 문인과 시인이 이곳을 시로 읊었는데 기록에 남아있는 것만 300수 이상이다. 그 중에서도 당나라 시인 최호가 이곳에 올라 쓴 '등 황학루'라는 시가 가장 유명하다. 이백李白이 황학루에 와서 시를 지으려 했으나 최호의 시를 보고는 이보다 멋진 시를 지을 수 없음을 개탄하며 붓을 던졌다고 한다. 황학루는 무창에 있는데 무창지에 다음과 같은 전설이 실려 있다고 한다.

황학루는 원래 신辛씨 여인이 개설한 주점이었다. 어느 날 몸집이 크고 행색이 초라한 남자가 찾아와 술을 얻어먹을 수 있느냐고 물었다. 주인은 거절하지 않고 큰 잔에 술을 가득 따라 주었다. 매번 찾아와 그냥 마시고 가는게 어느덧 반년. 주인은 싫어하는 내색 한 번 없이 계속 술을 따라 주었다. 하루는 남루한 옷의 그 남자가 술값을 갚겠다며 귤껍질을 벗겨 벽에다 학을 그리니 바로 누런 빛의 황학黃鶴이었다. 주점의 사람들이 손뼉을 치며 노래하면 학은 가락에 맞춰 춤을 추었다. 이 신비한 학을 보려고 사람들이 몰려들어 주인은 곧 거부巨富가 되었다. 그 뒤에 다시 그 남자가 찾아오자 주인은 무엇이든지 바라는 대로 사례하겠다고 한다. 그러나 그 남자는 웃으며 피리를 꺼내 부니 그림 속의 학이 살아 내려온다. 그러자 그 남자는 학을 타고 하늘로 날아가 버렸다. 주인은 이를 기념하려고 누각을 세우고 황학루라 이름 지었다.

황학루에 올라   登黃鶴樓

옛사람은 황학을 타고 날아가 버리고   昔人已乘黃鶴去

여기 황학루만 쓸쓸히 남았네   此地空餘黃鶴樓

한번 떠난 황학은 다시 돌아오지 않고   黃鶴一去不復返

천고의 흰구름만 부질없이 떠가누나   白雲千載空悠悠

해맑은 강물엔 건너편 숲의 그림자 역력하고   晴川歷歷漢陽樹

강 가운데 앵무주엔 방초가 무성하구나   芳草萋萋鸚鵡洲

날이 저무는데 내 고향은 어디쯤일까   日暮鄕關何處是

강안개 속에서 향수에 젖네   煙波江上使人愁

02

학송鶴松 스님 이야기

'세상의 모든 것은 다 장난이고, 인간은 최고의 광대라네~~.'

뉴욕 필하모닉 오케스트라의 음악 감독겸 상임 지휘자에서 은퇴하는 로린 마젤Lorin Maazel 79이 2009년 6월 12일 뉴욕타임스와의 인터뷰에서 베르디의 마지막 오페라 '팔스타프'의 노랫말을 인용해 자신의 심경을 표현했다. 그는 '우리는 불멸의 존재가 아니며, 죽는다는 생각은 마치 농담처럼 그렇게 나쁘진 않다. 영원히 잠드는 것이다'고 말했다.

자신이 바보임을 아는 사람은 바보가 아니다. 마찬가지로 자신이 광대임을 아는 사람은 광대가 아니다. 따라서 로린 마젤은 그의 말처럼 광대가 아니다. 그리고 그의 표현처럼 모든 존재가 멸하여 영원히 잠들면 어떻게 무수한 생명이 끊임없이 새로 태어나겠는가.

필자는 우리가 태어나기 전 본래의 모습이 우리의 고향이라 생각하므로 윤회輪廻와 해탈解脫을 자연스럽게 받아들이는 입장이다. 그러나 아직 깨달음이 깊지 못하여 대학교 친구인 학송鶴松 스님의 이야기를 들어 보기로 했다.

이 친구는 서울대 법대를 졸업하고 한동안 교수 생활을 하다가 스님이 된 분이다. 학창시절엔 정치에 대한 관심이 없지 않아서 정치가의 꿈도 꾸었다. 하지만 현실정치의 난맥상에 대한 해법을 찾느라 종교에 깊은 관심을 갖게 된 후론 스님이 되고자 꽤나 몸부림을 쳤다. 대학 졸업 직후 오랫동안 행자생활을 했다. 드디어 2004년 봄 소천韶天 선사의 위패상좌가 되었으니 늦깎이로나마 꿈을 이룬 거다. 현재 강원도 횡성군 공근면 상동리 불영사佛迎寺 주지이며 저서로는 『九種人間』, 『下山 그 다음 이야기』, 『아이고 부처님』, 『正道슈과 正道領』 등이 있다.

그러면 학송 스님이 보내온 E-메일을 살펴보기로 하자. 원래의 E-메일은 보다 상세하고 심오한 내용을 담고 있지만 필자가 독자의 이해를 돕고자 그 내용에 약간 손을 대었다.

벗님께

틈틈이 써 모은 글이라 연결이 어떨런지…

절간살이
분주해서

본분사에서 너무 멀리 와 있다고

멋쟁이 비구니가 칼을 휘두르듯

어중간 이 늙은이를 질타하니…

말말이 옳은 말이어서 꿀먹은 벙어리가 뭔가했더니

바로 거기에 학송이 있더이다…

건강하시고…학송 합장

우리의 고향은!

한때 유행한 대중가요 '하숙생'의 가사를 보자.

인생은 나그네 길

어디서 왔다가 어디로 가는가

구름이 흘러가듯 떠돌다 가는 길에

정일랑 두지 말자 미련일랑 두지 말자

인생은 나그네길

구름이 흘러가듯 정처 없이 흘러서 간다

인생은 벌거숭이

빈손으로 왔다가 빈손으로 가는가

강물이 흘러가듯 여울져 가는 길에

정일랑 두지 말자 미련일랑 두지 말자

인생은 벌거숭이

강물이 흘러가듯 소리 없이 흘러서 간다

이 노랫말에서 보듯 인간으로서의 삶은 육도윤회六道輪廻 선악의 응보에 따라 육도를 윤회하는 일 과정의 객살이 곧 나그네의 삶이어서 고향에 대한 그리움, 그리고 나그네길 즉 인생여정人生旅程의 즐거움과 괴로움 등 만감이 교차되는 여행인 셈이다.

그리고 시인 천상병千祥炳은 그의 시 '귀천歸天'에서 그 나름의 인생여정과 고향 길을 다음과 같이 노래하고 있다.

나 하늘로 돌아가리라

새벽빛 와 닿으면 스러지는

이슬 더불어 손에 손을 잡고,

나 하늘로 돌아가리라

노을빛 함께 단 둘이서

기슭에서 놀다가 구름 손짓하며는,

나 하늘로 돌아가리라

아름다운 이 세상 소풍 끝내는 날.

가서, 아름다웠더라고 말하리라…

 천상병 시인은 위 시에서 자신의 인생살이를 하늘에서 인간세상으로 잠깐 나들이 온 소풍 쯤으로 즐기고 있다.

대부분의 여행은 그 종착지가 출발지여서 출발지로 되돌아오면 여정이 끝나곤 한다. 천시인의 인생여정의 종착지가 하늘로 돌아가는 것으로 미루어 그의 인생 나들이의 출발지는 하늘이었고 하늘이 그의 돌아갈 고향으로 여겨진다.

그에게 인생살이는 나들이 같은 소풍으로 즐겁고 죽음은 고향으로 돌아가는 기쁨으로 충만 되어 있다. 그래서인지 귀천^{歸天}에 대해 세인들은 "삶에 대한 달관과 죽음에 대한 체관" 내지 "죽음에 대한 두려움이나 삶에 대한 미련과 집착도 없는 무욕의 경지"를 노래한 것으로 평가하고 있다.

우리네 인생 여정은 『윤회의 비밀MANY MANSIONS by Dr. Gina Cerminara』 이라는 저술에서 〈1〉 전생을 명확히 기억하는 사람들이 보여 준 사례나 〈2〉 최면술을 사용하여 사람의 연령을 자꾸자꾸 역행시켜 전생을 알아낸 사례 등을 통해 보듯 윤회의 한 과정이다.

불교에서는 모든 존재가 한결같이 갖추고 있는 근본 성품이 인연^{因緣}을 따라 다양한 흐름을 펼치는데 그 과정에서 반복하는 업습^{業習} 여러 번 되풀이함으로써 저절로 익고 굳어진 행동. 버릇의 청탁, 경중, 후박 등을 따라 천인 인간 아수라 축생 아귀 지옥중생 등 육도윤회六道輪廻의 여정을 나름대로 엮어 간다고 한다.

우리는 인간으로서의 삶을 엮어 갈 수 밖에 없는 업습業習을 가꾸어 온 셈이다.

천상병 시인은 천상인간의 업습業習을 가꾸어 천상인간의 삶을 영위하다가 무엇이 궁금했는지 인간세상 구경차 나들이를 하고선 하늘 곧 천상인간으로 되돌아가서 인간세상이 "아름다웠더라고 말하리라"고 인생여정의 여행소감을 미리 밝히고 있다.

그런데 육도윤회六道輪廻 과정에 있는 생명체는 그 업습業習을 가꾸기에 따라 천상인간으로부터 지옥중생으로까지 그 여정이 숨가쁘게 이어지고 있어 딱히 어디를 고정 불변하는 고향이라고 단정하기 어렵다. 육도윤회의 첫 출발지를 반추해서 고향을 알아내기란 거의 불가능해 보인다. 왜냐하면 그간의 여정이 시작을 알 수 없을 만큼 아득한 오랜 세월 동안 너무나 급박하게 이어졌기 때문이다.

모든 생명체는 그 수명이 유한하다. 인간보다 나은 천인 역시 영생永生을 누리지 못한다. 불교에서는 천상세계의 천인이 수명의 등차가 있어서 예를 들면 이런 천인은 인간수명 대비 900만년을 살고 저런 천인은 인간수명 대비 92억 1600만년을 살지만 모두 그 수명이 유한하다고 한다. 그리고 죽을 즈음엔 — 머리 위 꽃 관이 시들고 / 몸에 땀이 나고 / 옷에 때가 묻고 / 앉은 자리가 편치 않고 / 부부가 배반하는 등 — 현상이 나타난다고 한다.

모든 생명체는 윤회과정의 하나여서 무수히 연속된 삶과 죽음의 숨가쁜 여정을 엮을 수밖에 없다. 천인이라고 해서 예외가 아니다. 왜냐하면 영겁永劫에 비기면 천인의 수명 또한 찰나적인 것이기 때문이다.

우리네 인생여정도 그 출발지를 기억해내지 못 하는데 어찌 많고 많은 전생의 기억을 더듬어 그 출발지인 고향을 찾을 수 있을 것인가!

한즉 육도윤회 과정에서 삶과 죽음으로 이어지는 숨가쁜 여정은 종착지이자 새로운 여행의 출발지인 죽음에 대한 기억은 그때그때 분명할 뿐 끝끝내 그 첫 출발지를 기억해 낼 수 없는 '고향상실증후군'에 시달릴 수밖에 없어 고향 찾아가기는 거의 불가능해 보인다.

고향을 그리워하고 찾아 가고자 하는 뜻은 현재의 삶에 실린 괴로움과 외로움의 무게가 날로 가중되기 때문으로 여겨진다.

인생여정의 종착지인 죽음을 영면永眠이라고 말하는 뜻도 우리네 인생여정의 힘겨움과 괴로움의 반영으로 볼 수 있을 것 같다.

그런가 하면 '죽었다'기 보다 '돌아가셨다'는 표현을 많이 사용하는 것으로 미루어 출발지인 '온 곳' 곧 고향으로 회귀하고자 하는 염원이 간절해 보인다.

'돌아가셨다'는 표현에는 '어디로'가 생략되어 있어 늘상 의문을 일으킨다.

그러나 '돌아가셨다'는 말의 본 뜻은 삶과 죽음의 괴로움이 없는, 삶과 죽음의 연속인 윤회를 벗어난, 윤회 이전의 상태, 윤회의 출발지로 나서기 이전, 곧 우리네 근본 성품에로의 회귀를 소망하는 표현으로 봄이 바람직해 보인다. 진정한 우리네 고향은 영원불변한 우리의 근본성품이라는 말이다.

앞서 천상병 시인이 돌아가고자 한 '하늘'을 "인간이 온 곳이고 갈 곳인 우주 혹은 영원성의 표상"으로 보는 견해는 우리네 인간이 돌아가고자 하는 고향을 영원불변한 우리의 근본성품으로 보고자 하는 위 견해와 같다고 볼 수 있다.

이런 맥락에서 우리네 인간의 근본성품 곧 본성本性에로의 회귀 본능은 무엇을 뜻하고 윤회하는 우리네 삶과는 어떤 관계에 있으며 고향인 본성에 회귀하기 위해서 무엇을 어떻게 해야 하는지 살펴봄직하다. 이들 의문에 대해 가장 간결하면서도 직설적인 일깨움은 우리네 인간의 근본성품의 특성을 노래한 법성게法性偈의 한 구절만 음미해 보아도 그 개요를 파악할 수 있다.

그 한 구절이란 불수자성수연성不守自性隨緣成이다. 내용을 살펴보자.

우리의 근본성품 곧 자성自性은 살아있는活的 존재여서 인연을 따라 이룸이 있으니 이를 일러 불수不守 어떤 상태를 견지하는 고정불변함이 아님라 한다.

즉 자성自性이 인因이 되어 연緣에 따라 과果가 생성成起됨이니 달리 말하면 인과因果 내지 연기緣起의 법칙을 단적으로 표현함이다.

나아가 우주만상의 인因이 자성自性인지라 인연因緣을 따라 생성된 모든 존재諸法萬有는 그 근본이 같아 동근同根이고 동포同胞이니 남과 내가 동포人吾同胞이고 자연과 내가 동포物吾同胞이다.

남과 내가 동포임을 자각함에서 홍익인간弘益人間이란 이념 내지 사상이 싹트게 되고 나아가 모든 생명체를 받들어 섬기고자 하는 부처의 마음이 이루어진다.

문제는 우리의 근본성품이 인연을 따라 생성한 존재 즉 천인 인간 아수라 축생 아귀 지옥중생 등이 각각 제 나름의 연緣 -業緣/業習/業力의 벽에 갇혀 자신을 본성과 괴리된 별개의 독립된 존재로 착각함이다.

여기서 이 벽을 넘어 부단히 본성에 회귀하려는 귀소본능과 연緣에 끌려 육도윤회六道輪廻하는 혼돈속에서 갈피를 잡지 못하는 게 우리네 인생살이인 셈이다.

우리의 바탕이 근본성품을 인因으로 하고 이 근본성품의 작용으로 인생살이가 이루어지는 것이므로 연緣으로 말미암은 엇박자가 불가피하긴 해도 본성회귀본능 곧 고향을 찾아 가고싶은 욕구가 부단히 일어나게 된다.

문제는 어떻게 하면 연緣으로 말미암은 엇박자에서 벗어날 수 있는

가이다.

이른바 고향으로 되돌아가기 위한 알찬 여행계획과 결행이 본성회귀의 관건이다.

귀향 가이드북으로는 '티벳 사자의 서'가 유용해보인다. 각 종교의 경전에서 귀향정보를 입수함도 좋을 것이다. 반듯한 여행사를 만나야 객지에서 헛고생을 면할 수 있으니 각 종교의 교리 내용과 각 교단의 운영실태를 제대로 살펴보아야 한다. 본성회귀본능을 허황되게 자극하는 허위과대광고에 속으면 안된다.

귀향이란 자신이 직접 가야할 여정이므로 안내자의 도움은 필요할지언정 안내자가 대신해 줄 수 있는 여행이 아니다.

본성회귀의 고향길을 안내해 줄 반듯한 안내자를 만날 수 있다는 건 행운 중 행운이다. 끝없이 이어진 나그네 길에서 반듯한 고향소식을 접하는 것만으로도 크나큰 행운인데 그 고향으로 제대로 안내해 줄 수 있는 안내자를 만나기는 참으로 어렵다.

혼자 고향을 찾아가려면 어떻게 해야 할까.

그 비결은 칠불통계게七佛通戒偈에서 찾아볼 수 있는 바 그 내용은 아래와 같다.

모든 악한 짓을 하지 말고	諸惡莫作
온갖 착한 일을 받들어 행하여	衆善奉行
마음이 스스로 맑아지면	自淨其心
비로소 부처의 가르침을 알게 된다.	始知佛法

***위 3, 4구를 自淨其意 是諸佛敎로 소개하고들 있으나 이에 대한 언급을 생략하기로 한다.

혹자는 우리의 본성에 회귀하는 고향 찾기가 세수하다가 코 만지기만큼 쉬운 일이라고 하나 실제로 세수하다가 코를 만지듯 제대로 고향을 찾은 이는 극히 드물다. 부디 위의 비결을 숙지하고 이를 실천하여 그 지혜를 등불로 삼고 자신의 근본성품을 등불로 삼아 본성 회귀의 소망을 간절히 간절히 일구면서 한 걸음 한 걸음 나아가길 기원한다.

나아가면서 우리가 서로 몸과 마음을 다 기울여 얼싸안고 격려하며 온갖 어려움을 함께하면 고향길이 환히 밝아 올 것이다.

03

묘약妙藥을 개발하라

모든 물체는 분자 → 원자 → 원자핵 → 소립자로 분해되므로 결국 소립자의 뭉치와 다르지 않다. 그런데 그 소립자는 신비스런 형태로 충돌을 거듭하며 나타남과 사라짐을 반복하니 나타날 때는 색色이고 사라질 때는 공空이다. 유형에서 무형으로, 그리고 무형에서 유형으로 변화를 되풀이하여 '색즉시공 공즉시색色卽是空 空卽是色'을 이룬다. 삼라만상은 이처럼 항상 변화하고 있으며, 불변하는 본래의 고정된 모습인 '나我'란 실체는 존재하지 않는다.

그러니 우리가 육안肉眼으로 보면 삼라만상이 형상 내지 경계를 이루어 개별적인 존재 즉 '개체個體'로 생각되지만 실상은 모두가 하나°의 에너지energy를 바탕으로 컴퓨터computer의 화면처럼 수시로 그 모습을 바꾸며 출렁이고 있을 뿐이다.

우주란 하나°이고 불이不二이며 살아있는活的 존재이다.

이 하나°의 에너지energy가 우리의 고향이다. 그러면 우리가 어떻게 하면 바로 이 고향으로 찾아 들어갈 수 있을까. 세계적인 명상가이자 뇌교육자인 일지一指 이승헌李承憲은 저서 『뇌파진동』에서 다음과 같이 이야기하고 있다.

온 천지에는 우리가 충분히 쓰고도 넘칠 만큼 막대한 양의 '우주 에너지'가 있다. 그런데 왜 소수의 몇몇 사람들만 그것을 사용할 수 있는지 아는가? 그것은 우리가 우주의 에너지에 공명할 수 있는 의식 수준에 이르지 못했기 때문이다. 우주의 근원적인 에너지는 우리의 뇌파가 순수뇌파로 되었을 때만 체험할 수 있는 기운이다. 이 순수뇌파가 온 우주에 있는 근원적인 에너지와 공명하면서 당신의 뇌에 있는 무한한 생명 에너지를 가동시키는 것이다.

현대 과학은 뇌파를 다섯 가지로 나눈다.

*불안이나 흥분 상태에서 나오는 감마파주파수 30Hz 이상

*일상적인 의식일 때 나오는 베타파주파수 14~30Hz

*음악을 듣거나 명상을 하는 편안한 집중 상태에서 나오는 알파파주파수 8~13Hz

*알파파보다 더 의식이 이완되어 슬며시 졸음이 올 듯 느긋해질 때 나오는 세타파주파수 4~7Hz

*깊은 잠에 빠졌을 때 나오는 델타파주파수 0.5~3Hz

내가 일컫는 '순수뇌파'는 기존 뇌과학의 범주에는 속하지 않는다. 하지만 뇌과학에서 다루지 않는다고 해서 존재하지 않는 것으로 치부해서는 곤란하다. 과학에서 명확하게 정의하지 못하는 영역의 뇌파도 분명히 존재하

기 때문이다.

이를테면 우주의 파동이 7.5Hz 범위에 있다고 하는데, 이것은 알파파보다는 조금 아래이며 세타파보다는 조금 위의 주파수 대역에 존재하는 파장이다. 만약 우리가 자신의 뇌파를 자유자재로 조절할 수 있다면 우주 의식에도 동조할 수 있고, 교신할 수 있다는 의미다. 이 7.5Hz는 갓난아기 뇌파의 주파수 대역이기도 하다. 그런데 이런 뇌파를 과학에서는 어떻게 부르는가? 부르는 용어도 없고, 명확한 정의도 없다. 과학자는 과학적인 관찰과 실험의 대상이 될 수 있는 것만을 연구하기 때문이다.

또 이런 문제도 있다. 이제까지 명상 상태의 뇌파가 알파파, 불안이나 흥분 상태의 뇌파가 감마파라고 알려졌는데, 오랫동안 수행을 해온 고승들이 참선에 들었을 때 뇌파를 측정해보니 알파파가 아니라 감마파로 나타났다. 과학자들의 예상을 빗나가는 이런 실험 결과가 확인해 주듯, 뇌파에 대해서 아직 과학적으로 밝혀진 사실은 그리 많지 않다.

다만 분명한 것은, 뇌는 외부의 모든 정보를 '파동'의 형태로 수신하고 이것을 다시 파동의 형태로 발신한다는 점이다. 내가 말하는 '순수뇌파'는 특정 주파수 대역의 뇌파가 아니라, 뇌가 에너지적으로 통합된 상태의 뇌파를 말한다.

우리의 뇌만 파동을 수신하고 발신하는 것이 아니다. 자연계에 존재하는 모든 만물은 고유의 리듬을 가지고 끊임없이 요동치며 파동을 주고받는다. 가만히 정지해 있는 것은 아무 것도 없다. 끊임없이 요동치는 그 '파동성'이 보이지 않는 에너지에 빛이나 소리, 냄새, 형태를 부여하여 보이는 물질로 변화시킨다.

물론 이것은 근본적인 변화가 아니다. 단지 인간이 오감으로 인식하기에 그런 것처럼 보이게 만들 뿐이다. 물질의 내부는 텅 비어 있다. 이것이 현대 과학이 도달한 양자물리학의 세계이기도 하다. 현대 과학이 불교 경전 〈반야심경〉에서 말하는 '색즉시공色即是空, 공즉시색空即是色'의 이치에 도달하기까지 그토록 많은 시간이 걸린 것이다.

따라서 겉으로 관찰하기에 만물은 명확한 경계선을 가지고 분리되어 존재하는 것처럼 보이지만, 실상은 모두 하나의 에너지로 연결되어 출렁이고 있을 뿐이다. 만물은 한데 어울려 파동치고 있다. 만약 우리가 오감의 차원을 넘어서서 엄청나게 배율이 높은 현미경으로 보듯이 사물을 관찰할 수 있다면, 세상은 무수히 많은 소립자들이 서로 동조하고 공명하고 간섭을 일으키기도 하면서 물결치는 것처럼 보일 것이다. 만물의 경계는 그저 소립자들을 결속시키는 구실을 하는 '에너지장'이라는 느슨한 울타리일 뿐이다. 그 울타리는 막힘 없이 사방으로 트여 있다.

일지 이승헌은 오랫동안 수행을 해온 고승들이 참선에 들었을 때 뇌파를 측정해보니 알파파가 아니라 감마파로 나타났다고 한다. 그러나 오랫동안 수행을 해온 고승들이 참선에 들었다고 해서 그들의 뇌파가 모두 동일한 특정 주파수 대역의 것이었다고 단정할 수 없다.

선가禪家에는 '깨달음의 순간우리의 고향으로 찾아 들어간 순간'을 묘사하는 이야기가 전해 내려온다〈『무엇이 너의 본래면목이냐』발행처/장경각 참고〉. 그러나 이야기에 나오는 그 순간이 일지一指 이승헌李承憲이 말하는 순수뇌파와 어떤 관계인지를 현재로서는 규명할 수 없다.

덕산德山782~865 스님

　덕산德山 스님은 속성俗姓이 주周 씨인데 20세에 출가하여 교학 특히 『금강경』에 능통해서 '주금강周金剛'이라고 세상 사람들의 칭송을 받았다. 그런데 당시 남방에서 교학을 무시하고 오직 '견성성불見性成佛'을 주장하는 선종禪宗의 무리가 있다는 말을 듣고 분개하여 자기가 심혈을 기울여 연구한 『금강경소초金剛經疏鈔』를 짊어지고 길을 떠났다. 가다가 점심 때가 되어서 배가 고픈데 마침 길가에 한 노파가 떡을 팔고 있었다. 덕산 스님이 그 노파에게 "점심을 먹으려고 하니 그 떡을 좀 주시오"하니, 그 노파가 "내가 묻는 말에 대답하시면 떡을 드리지만 그렇지 못하면 떡을 드리지 않겠습니다"하여 덕산 스님이 그러자고 하였다. 노파가 물었다.

　"지금 스님의 걸망 속에 무엇이 들어 있습니까?"

　"『금강경소초』가 들어 있소."

　"『금강경』에 '과거 마음도 얻을 수 없고 현재 마음도 얻을 수 없고 미래 마음도 얻을 수 없다'고 하는 말씀이 있는데 스님은 지금 어느 마음에 점심을 하시려고 하십니까?"

　'점심點心 먹겠다'고 하는 말을 빌려 이렇게 교묘하게 질문했다. 이 돌연한 질문에 덕산 스님은 아무 말도 할 수 없었다. 자기가 지금까지 그렇게도 『금강경』을 거꾸로 외우고 모로 외우고 모르는 것이 없다고 생각했는데 이 떡장수 노파의 한마디에 모든 것이 다 달아나 버렸다. 그래서 노파에게 물었다.

"이 근방에 큰스님이 어디 계십니까?"

"이리로 가면 용담원龍潭院에 숭신崇信 선사가 계십니다."

점심도 먹지 못하고 곧 용담으로 숭신 선사를 찾아갔다.

"오래 전부터 용담龍潭이라고 말을 들었더니 지금 와서 보니 용龍도 없고 못潭도 없구만요"하고 용담 숭신 선사에게 말하니 숭신 선사가 말했다.

"참으로 자네가 용담에 왔구먼."

그러자 또 주금강은 할 말을 잊어버렸다. 그때부터 숭신 스님 밑에서 공부를 하였는데 하루는 밤이 깊도록 숭신 스님 방에서 공부하다가 자기 방으로 돌아오려고 방문을 나서니 밖이 너무 어두워 방 안으로 다시 들어갔다. 그러니 숭신 스님이 초에 불을 켜서 주고 덕산 스님이 받으려고 하자 곧 숭신 스님이 촛불을 훅 불어 꺼 버렸다. 이때 덕산 스님은 홀연히 깨우쳤다.

그 다음날 덕산 스님은『금강경소초』를 법당 앞에서 불살라 버리고 그 후 후배들이 보이기만 하면 가서 몽둥이로 때려 주었다.

임제臨濟782~865 스님

임제臨濟 스님은 대표적인 선종禪宗의 유파인 임제종의 개조開祖이다. 임제 스님이 황벽 스님 밑에 와서 여러 해 동안 아주 열심히 정진을 잘했다. 그때 수좌인 목주睦州 스님이 임제 스님을 기특히 여겨 하루는 임제 스님에게 물었다.

"여기 온 지 몇 해나 되는가?"

"삼 년째 됩니다."

"그러면 그동안 방장스님께 법을 물어 본
적이 있는가?"

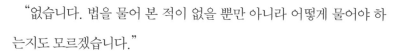

"없습니다. 법을 물어 본 적이 없을 뿐만 아니라 어떻게 물어야 하
는지도 모르겠습니다."

"그러면 내일은 방장 스님께 가서 어떤 것이 불법의 분명한 뜻입니
까, 하고 물어 보시오."

그래서 다음 날 목주 스님이 시킨 대로 위의를 갖추고 방장실로
찾아가 황벽 스님께 세 번 절하고 "어떤 것이 불법의 분명한 뜻입니
까?" 하고 여쭈었다. 그러나 황벽 스님은 한 마디 대답도 없이 다짜
고짜 몽둥이로 임제 스님을 스무 대나 때려 주었다. 사흘 동안 세 번
을 찾아가 물었는데 그렇게 다짜고짜 스무 대씩 몽둥이만 맞고 아무
소득 없이 방장실을 물러났다.

"어떤 것이 불법의 간절한 뜻입니까" 하고 묻기만 했는데 속절없
이 매만 맞았으니, 어째서 때리는지 알 수 없고 공연히 찾아가 몽둥
이만 맞고 몸만 상했다는 억울한 생각이 들었다. 그래서 아무리 생각
해도 이 황벽 스님과는 인연이 없는가보다 하고는 딴 곳으로 떠나려
고 하였다. 그런 모습을 옆에서 지켜보고 있던 목주 스님이 "자네가
기어이 딴 곳으로 가겠다면 방장 스님께 인사나 드리고 가시게" 하고
일러두고는 황벽스님께 가서 "그 젊은 스님이 후배이나 매우 법답습
니다. 정진해서 뒷날 한 그루 큰 나무가 되어 천하 사람들에게 시원

한 그늘을 드리울 것이니, 떠난다고 오거든 큰스님께서 잘 일러 주십시오"하고 미리 부탁을 드렸다.

다음 날 임제 스님이 하직하고자 방장실로 들르니, 황벽 스님이 "너는 딴 곳으로 가지 말고 고안高安에 대우大愚라는 스님이 계시니 그 스님을 찾아가 법도록 하라"고 일러 주었다. 그 말씀을 듣고 임제 스님은 곧장 대우 스님을 찾아갔다.

대우 스님이 물었다.

"너는 어디서 오느냐?"

"황벽에서 왔습니다."

"황벽 스님이 요사이는 법문을 어떻게 하더냐?"

"글쎄요, 법문을 어떻게 하시는지 저는 잘 모릅니다. 다만 제가 '어떤 것이 불법의 분명한 뜻입니까' 하고 사흘 동안 세 번 찾아가 물었는데 아무 말씀도 없이 다짜고짜 매번 스무 대씩 몽둥이질만 하였습니다. 저에게 무슨 허물이 있어 때렸는지 통 모르겠습니다. 어째서 저를 인정사정없이 때리는 것입니까?"

"이 망할 놈의 자식아! 황벽 스님이 너를 위해서 간절한 노파심으로 법을 설해 주었는데 여기까지 와서 기껏 허물이 있느니 없느니 그런 쓸데없는 말이나 지껄여!"

꾸짖는 대우 스님의 이 말 끝에 임제 스님이 확연히 깨우쳤다.

이제 임제 스님이 다시 황벽 스님에게 돌아오니 "이 미친 놈이 쓸데없이 왜 왔다갔다 하느냐?"하고 힐난했다. 그러자 임제 스님은 "스님의 간절한 노파심에 그저 감사할 따름입니다"고 하였다. 황벽 스님이 가만히 보니 임제 스님이 대우 스님한테서 무슨 소리를 들었거든. 그래서 "대우 이 늙은이, 오기만 하면 당장에 뼈를 분질러 놓아야겠구나" 하였다. 그러자 임제 스님이 "다음에 올때까지 기다릴 것 뭐 있습니까? 지금 당장 맞아 보십시오" 하고는 황벽 스님의 뺨을 철썩 갈겨 버렸다.

참으로 '그 스승에 그 제자'이다_{필자}.

할^喝이란 불교의 정통인 선종^{禪宗}에서도 그 골수라 할 수 있는 임제종을 개창한 임제 스님이 사용한 방법으로서 사람만 보면 소리를 지르고 고함을 치는 것이다.

향엄^{香嚴?~89} 스님

위산 스님 아래 향엄 스님이 있었다. 향엄 스님은 총명이 남달라 누가 한 가지를 물으면 열 가지 스무 가지를 대답하고, 하나를 보면 백 가지를 아는 출중한 언변과 식견을 가지고 있었다. 향엄 스님이 처음에는 위산 스님의 스승인 백장 스님 아래 있었으나 백장 스님이 돌아가신 뒤에는 위산 스님을 찾아갔다. 위산 스님은 향엄 스님의 됨됨이를 이미 소문을 들어 알고 있던 터였다.

그래 위산 스님이 향엄 스님에게 물었다.

"네가 선사 백장 스님 아래 있으면서 무엇이든 한 가지를 물으면

백 가지 천 가지를 대답했다는데 그것은 차치하고 부모님이 너를 낳기 전 본래면목을 한마디 일러보아라.”

향엄 스님이 아무리 궁리해보아도 부모에게서 태어나기 이전의 모습이 어떠한지 도저히 말할 수가 없었다. 그래 그 총명함으로 몇 마디 대답해보았지만 위산 스님은 모두 ‘아니다’고 부정하였다. 그래 밤을 새며 옛 분들의 착어著語를 뒤지고 생각해서 대답을 하면 또 아니라고 하고, 온갖 궁리를 짜내서 말해도 또 아니라고 하며 “불법은 절대 그런 것이 아니다. 네가 실제로 부모님에게서 태어나기 전의 진면목을 모르는데 어떻게 바른 대답을 할 수 있겠느냐” 하고는 몽둥이로 때려 쫓아버리기 일쑤였다.

향엄 스님은 가만히 자신을 돌아보았다. 불법에 있어 막힘이 없다고 자신했건만 위산 스님의 질문 앞에선 입도 뗄 수 없는 지경이 되었거든. 그래서 아주 크게 발심을 했다. “그림 속 떡이 아무리 보기 좋아도 주린 배를 채울순 없다” 하고는 자기가 보던 책을 모조리 불사르고 남양으로 가서 토굴에서 공부를 했다. 그리곤 “깨우치기 전에는 맹세코 한평생만 아니라 세세생생 세상에 나오지 않으리라”고 원을 세우고 공부를 지독하게 했다. 그렇게 열심히 공부하던 중 하루는 마당을 쓸다가 기왓장 조각을 주워서 대밭으로 무심히 던졌는데 ‘딱!’ 하고 대를 치는 소리를 듣고 바로 깨우쳤다.

그렇게 바로 깨우치고는 “한 번 침에 아는 바를 잊으니 다시는 닦고 다스림을 더하지 않았네”라고 노래했다.

***

위에서 보듯이 선가禪家의 이야기에 따르면 깨달음은 지식이 아닌 스파크spark를 통해 이루어져 그 상태가 그대로 지속되었다. 그러면 스파크spark란 무엇인가. 그것은 방전放電 사이를 둔 양극 간에 전압을 높이어 그 전극 사이에 전류가 흐르게 하는 일할 때의 불꽃火花이다. 우리나라의 서산대사西山大師 즉 휴정休靜 스님은 어느 날 같이 수행했던 도반道伴을 찾아 나섰는데 전라북도 남원을 지나 성촌 마을 앞에서 문득 한낮에 우는 닭 울음소리를 듣고는 칠흑처럼 캄캄한 마음의 의혹을 깨부수고 큰 깨달음을 얻었다. 그러니 서산대사西山大師의 깨달음 또한 스파크spark를 통해 이루어져 그 상태가 그대로 지속되었다. 그러나 스파크spark가 아닌 지식을 통해 깨달음을 이룬 스님도 있다. 우리나라의 지눌知訥 스님은 25살에는 『육조단경』을, 31살에는 『신화엄경론』을, 그리고 40살에는 『대혜어록』을 읽으면서 각각 깨달음을 경험하였다. 하지만 지눌知訥 스님의 경우에도 결국 스파크를 통한 깨달음이 아니었을까.

그러면 우리도 스파크spark를 일으켜서 깨달음을 이루어 우리의 고향에서 살자. 옛날에는 우리나라에서 유럽으로 가려면 산을 넘고 물을 건너 사막을 횡단하는 등 느림보 여행이었다. 그러나 지금은 과학의 발달로 달나라 여행도 단시간에 이룰 수 있지 않은가. 그러니 종교인과 의약인이 손잡고 오늘날의 첨단 과학을 활용해서 묘약妙藥을 개발하라. 특히 정신과精神科 의사와 제약회사製藥會社의 역할이 기대된다. 금방 깨달음을 이룰 수 있는 영험한 약을 개발하라! 우리가 윤회를 하면서 생로병사生老病死를 자꾸 되풀이할 필요가 뭐 있나. 우리가 살아 있는 동안 단 한 번의 스파크spark로 깨달음을 이루어 그대로 우리의 고향에서 살자. 필자의 지나친 바람일까….

그러나 위의 이야기는 결코 공상적인 바람이 아닐 것 같다. 왜냐하면 인간의 의식구조를 정확하게 파악하면 그에 따라 바른 의식처방약을 현실적으로 개발할 수 있기 때문이다. 이를 위하여 다음과 같은 불교의 의식구조론을 참고하기로 하자.

식識이란 사물을 인식하거나 이해하는 작용이다. 인간은 눈·귀·코·혀·몸·생각을 따라 안식眼識·이식耳識·비식鼻識·설식舌識·신식身識·의식意識을 지닌다. 예를 들어 한 잔의 차로써 마음을 밝히는 경우 눈으로는 찻잔에 비치는 차의 빛깔을, 귀로는 찻물 끓이는 소리를, 코로는 차의 향기를, 혀로는 차의 맛을, 몸으로는 차의 따뜻한 감촉을, 생각으로는 다선일미茶禪一味 차 마시는 일과 참선 수행은 같은 맛를 즐긴다. 의식意識이란 대상을 총괄하며 판단·분별하는 작용이다. 이것을 제6의식이라 하고, 그 안의 잠재의식을 제7말나식이라 하며, 무의식 상태의 근본 심리 작용을 제8아라야식이라고 한다. 인간의 목숨이 끊어져도 제8아라야식은 남는다. 제8아라야식은 절대로 없어지지 않는 식이다. 그러면서 제8아라야식은 모든 기억을 잘 정돈하여 간수하였다가 어떤 기회가 되면 해당 기억을 되살려 일으킨다. 그러므로 윤회하는 실체는 영혼죽은 사람의 넋이 아니라 바로 이 제8아라야식이다. 우리가 이 제8아라야식을 순화純化시켜 윤회의 고리를 끊으면 생사生死를 벗어나 대자유를 누리게 된다.

우리의 고향은 지금 '화창한 봄날 푸른 잔디에 황금빛 꽃사슴이 낮잠을 자는 낙원'이리라.

사주·문학·철학으로 펼치는 인생 에세이

명품 인생 디자인

1판 1쇄 발행 | 2011년 2월 10일

지은이 | 전광
발행인 | 김홍국

펴낸곳 | 도서출판 보고사(제6-0429)
주소 | 서울시 성북구 보문동 7가 11번지 2층
전화 | 922-5120~1(편집), 922-2246(영업)
팩스 | 922-6990
메일 | kanapub3@chol.com
홈페이지 | www.bogosabooks.co.kr

값 15,000원
ISBN 978-89-8433-863-0 03150